I0000516

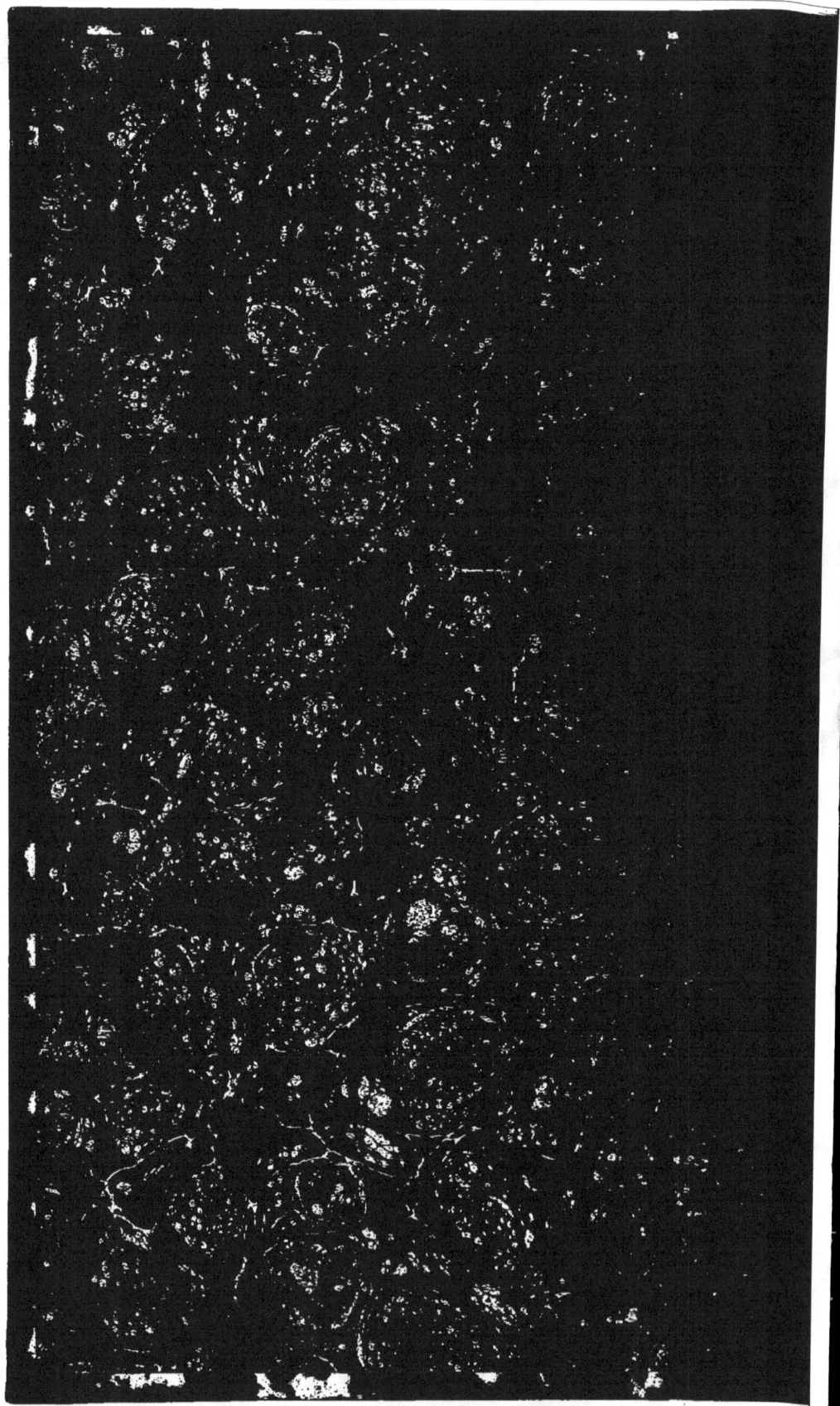

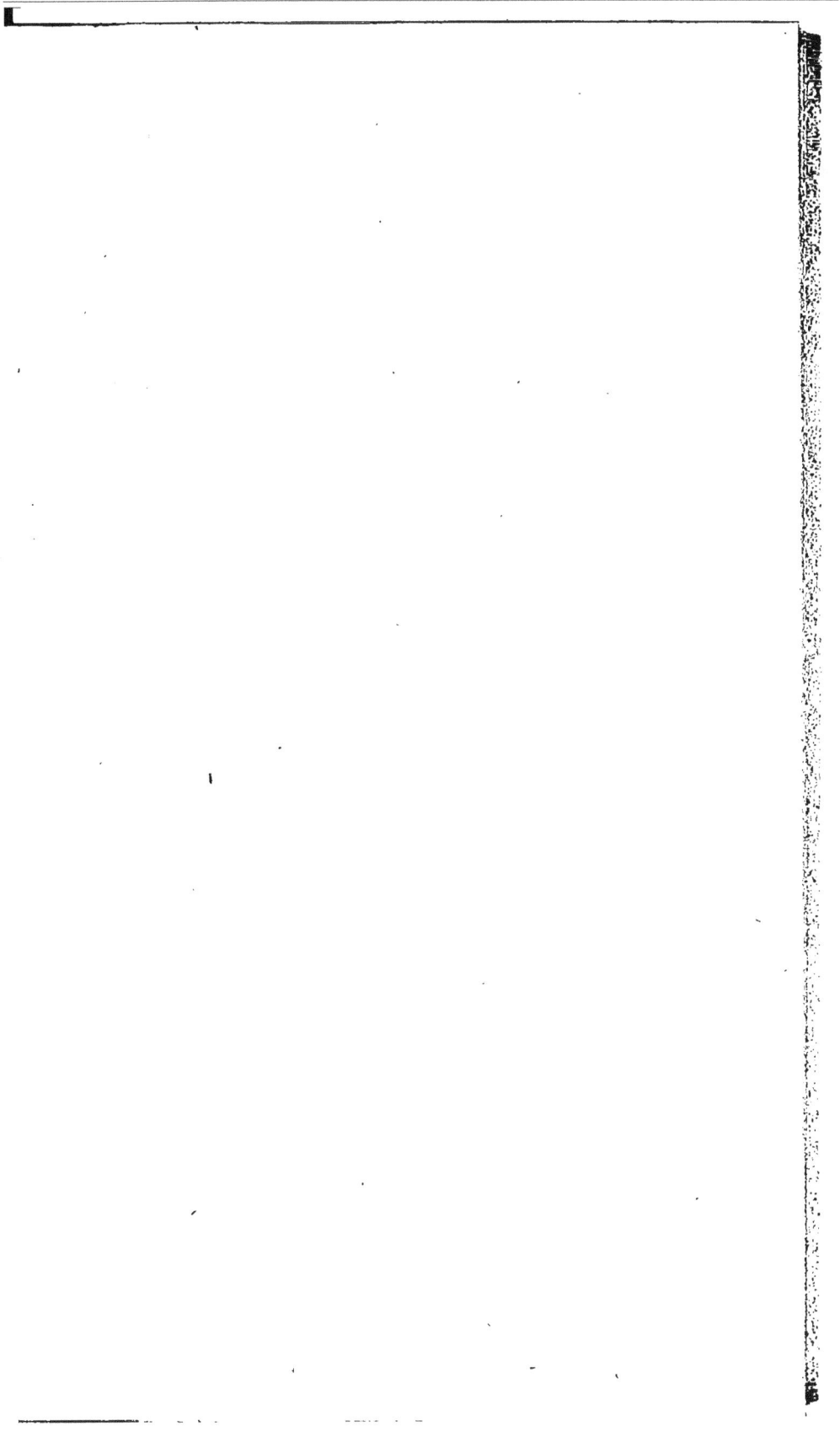

F. 44314

TABLE

DES

MATIÈRES PREMIÈRES.

1819.

DE L'IMPRIMERIE DE RENAUDIÈRE,
Quai du Marché-Neuf.

TABLE
ALPHABETIQUE

De toutes les productions indigènes et exotiques qui, dans leur état de nature, ou n'ayant reçu qu'une première main d'œuvre, sont considérées comme matières premières, *et imposées au Tarif des Douanes.*

Par M. SAVIN DUMONI,

Avocat, ancien chef et directeur des douanes, auteur d'un traité sur la jurisprudence de la cour de cassation, en matière de douanes.

Un volume. Prix : 5 fr. *franc de port.*

A PARIS,

Chez l'auteur, rue Vivienne, N°. 17;

Et chez le Concierge de l'administration des douanes, rue Montmartre, Hôtel d'Uzès.

1819.

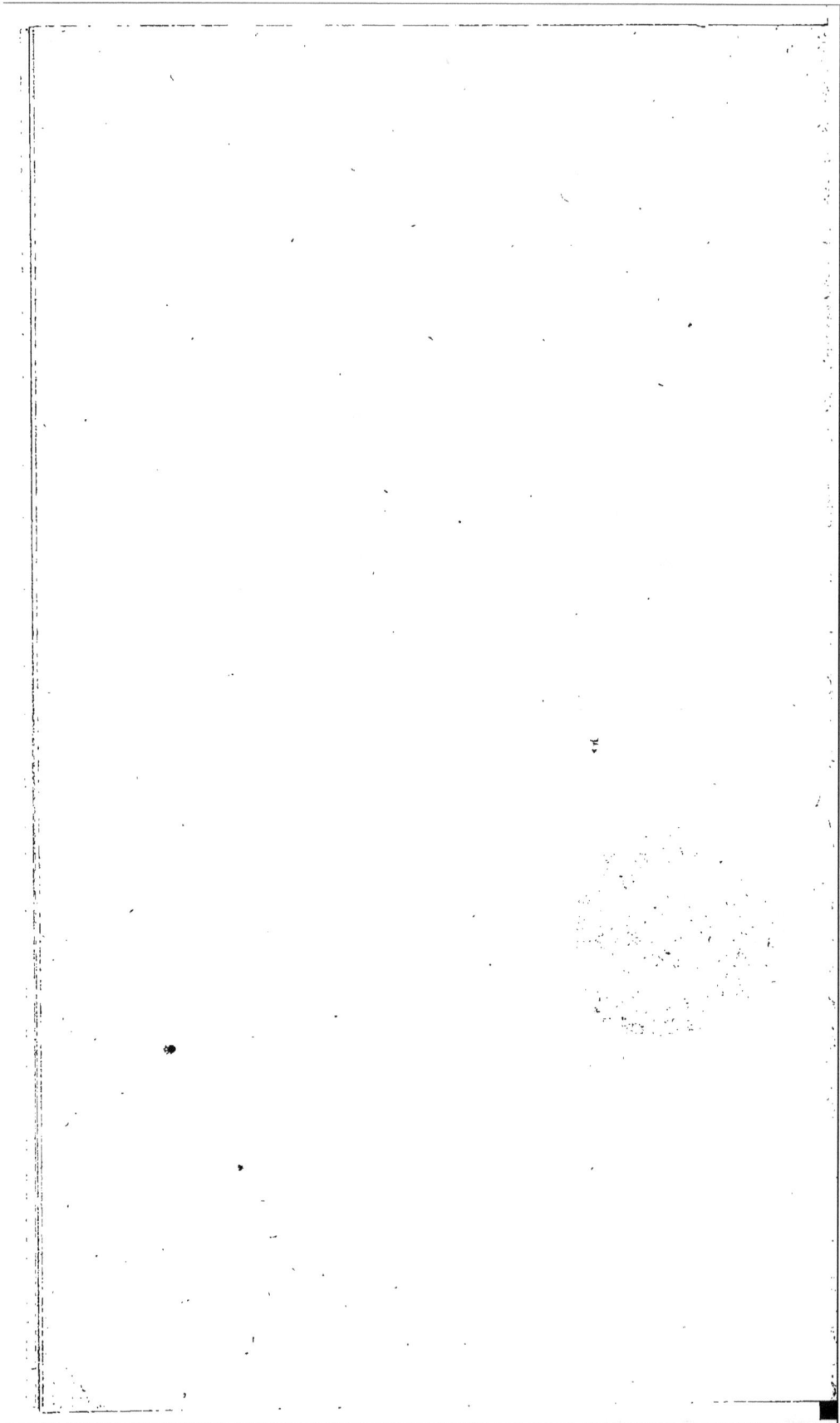

A Son Excellence

Monseigneur le Comte

De Cazes.

Pair de France, Ministre Secrètaire
d'Etat au département de l'intérieur.

Monseigneur,

Un ouvrage destiné à l'instruction du
commerce, ne pouvait être publié sous
de plus heureux auspices, que sous le

nom du Ministre qui réunit dans ses attributions tout ce qui a rapport à l'agriculture, au commerce et aux arts.

Les Français se plaisent à contempler en vous cette grandeur d'âme qui caractérise le véritable ministre dévoué à son Roi et à son pays.

Le commerce renaît à l'espérance, en vous voyant créer près de vous ces conseils spéciaux qui, sous le ministère de Colbert, firent fleurir les arts et l'industrie.

Croyez, Monseigneur, que je sens vivement le prix de la faveur que m'a fait Votre Excellence, en acceptant la dédicace de mon ouvrage, avec cette bonté qui lui est si naturelle.

Ma seule crainte est que mon travail ne soit pas jugé digne de mon Mécène ; mais le motif qui m'a conduit, fera excuser ma témérité.

Je suis avec respect,

Monseigneur,

de Votre Excellence,
le très-humble serviteur.

Savin Dumont,

Avocat, ancien Chef des Douanes.

AVERTISSEMENT.

———————

Lorsque en 1814, j'ai présenté à la Chambre des Députés un projet de réforme du tarif des douanes (projet qui a été mentionné honorablement dans la séance du 3o octobre), je préparais le travail que je publie aujourd'hui, et qui me semblait un préalable nécessaire, parce que j'ai toujours pensé que toute matière première importée de l'étranger, ou exportée de notre sol, devait être tarifée à l'entrée et à la sortie, en raison de son usage, de son utilité, et des facilités qu'on peut avoir pour se la procurer.

Mon opinion est fondée sur l'intérêt de l'agriculture, du commerce, des manufactures et de la navigation.

Je crois qu'on doit favoriser la culture des productions indigènes, afin que notre superflu devienne un objet d'échange avec l'étranger ; encourager la culture des productions exotiques, qui peuvent se naturaliser en France, pour diminuer les besoins, où nous sommes de recourir à l'étranger ; seconder l'industrie manufacturière par des primes, pour les exportations d'objets fabriqués et par des droits sur les produits des manufactures étrangères ; et protéger les armemens à longs cours, par des modérations de droits et des priviléges en faveur de nos armateurs et marins.

J'ai suivi, dans la formation de la table des matières premières, l'ordre du répertoire général placé en tête du tarif publié en 1817, par la direction générale des douanes, afin de faciliter les recherches aux préposés à la perception du droit, qui ont besoin de bien connaître chaque espèce de production, pour éviter de fausses applications du tarif.

On a publié en 1809, sous le titre de *Dictionnaire des productions de la nature et de l'art*, un ouvrage qui contient également la nomenclature des matières premières, et en outre, des renseignemens très-étendus sur les matières fabriquées et sur les progrès de l'industrie manufacturière.

Cet ouvrage, dont le mérite a été reconnu, est en même temps un tarif raisonné des droits de douanes, et par cela même il m'a paru susceptible, comme le tarif lui-même, de changemens journaliers. Les renseignemens sur les matières fabriquées, sont également sujets à des changemens, en raison du progrès de l'industrie.

Je n'ai voulu, au contraire, composer qu'un ouvrage élémentaire mais invariable, qui, dans tous les temps, offrît des instructions certaines sur l'origine et l'emploi des matières premières ou réputées telles, quoique ayant reçu une première main d'œuvre.

Mais ce dictionnaire est devenu pour moi un supplément aux ouvrages des savans et des naturalistes qui ont écrit sur les trois règnes de la nature, et dans lesquels j'ai puisé les documens dont j'ai eu besoin pour la confection de mon ouvrage.

Pour mieux déterminer les vertus et le degré d'utilité des plantes et productions employées dans la médecine, après avoir consulté le dictionnaire de M. Ch. L. Cadet, j'ai encore soumis mon travail à des pharmaciens qui jouissent à juste titre d'une réputation méritée, et qui ont bien voulu m'aider de leurs lumières.

C'est d'après leurs avis que j'ai établi trois classes ou trois degrés d'utilité des productions de toute nature.

A la première appartiennent tous les objets de première nécessité, en comestibles ou matières à fabriquer.

La seconde renferme les produits qui, soit par le peu d'usage qu'on en fait, soit par les moyens que nous offre notre sol pour nous les procurer, sans recourir à l'étranger, soit par l'excédant que nous en avons, ne sont que d'un besoin secondaire.

La troisième comprend les productions étrangères dont on peut se passer, et qui sont remplacées par celles indigènes.

Enfin, j'ai indiqué, sous la dénomination générale d'*objets de luxe et de fantaisie,* les productions de tous genres, les cafés, les cacaos, les épices, les pelleteries, les perles, les pierres précieuses et autres objets dont la consommation et l'usage appartiennent exclusivement aux personnes riches ou aisées.

Je me propose de publier, dans le cours de la présente année, un tableau de tous les tarifs de douanes adoptés par les états frontières de France, en regard avec le tarif des douanes de France, tel qu'il aura été définitivement réglé par la session actuelle des deux Chambres.

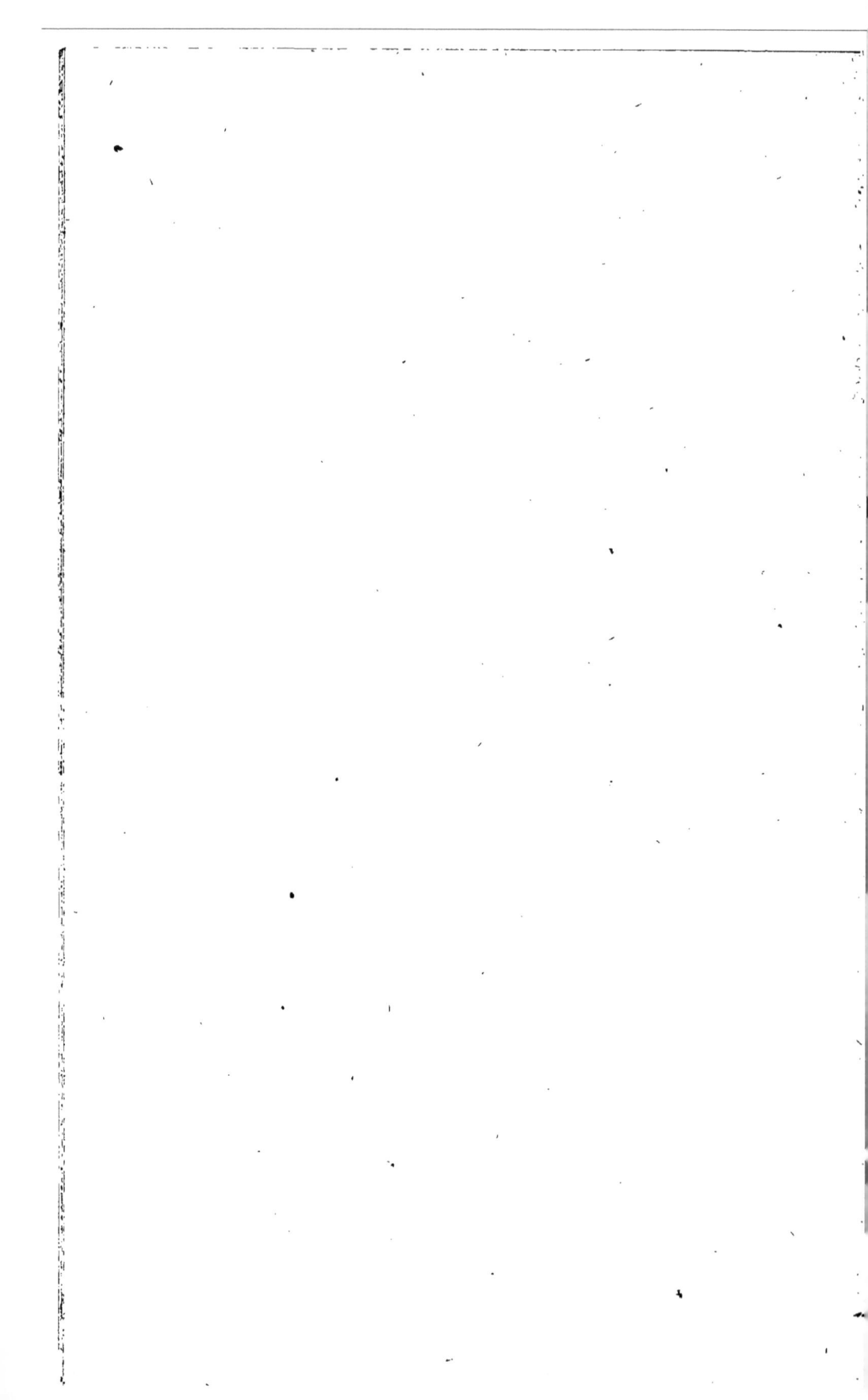

INTRODUCTION.

D'ANS le bouleversement général qui suivit les événemens de 1789, les bureaux de douanes furent détruits et pillés ; les employés maltraités abandonnèrent leurs postes, et pendant cette absence des lois, les marchandises étrangères, (*celles anglaises surtout*) affluèrent tellement en France, que nos fabrications nationales ne purent soutenir la concurrence, et nos ateliers devinrent déserts.

On sentit la nécessité d'arrêter le mal : une première loi du 5 novembre 1790, en prononçant la suppression de tous les bureaux de traites dans l'intérieur, ordonna l'établissement de bureaux de douanes aux frontières.

Cependant les franchises de Marseille, Dunkerque, Bayonne et Strasbourg avaient été conservées, mais elles furent successivement sup-

a

primées *par suite du grand système d'Éga-*
lité (1).

Il fallut alors adopter un nouveau tarif des
droits d'entrée et de sortie ; il fut publié le
15 mars 1791.

---

(1) On a depuis quelques années demandé le rétablissement de ces mêmes franchises.

Marseille seule l'a obtenu, mais à des conditions
telles, que le commerce de cette ville les a jugées plus
onéreuses que profitables.

La franchise de Dunkerque quoique proposée par
S. M. , n'a pas même été l'objet d'une discussion.

Les privilèges accordés à la ville de Strasbourg dans
l'intérêt du commerce et eu égard à sa position, vivement discutés dans deux assemblées successives, ont
été définitivement rejetés.

Bayonne est restée ignorée.

On a présenté le système des entrepôts réels et fictifs
comme préférable à celui des franchises, qu'on ne considère que comme un privilège abusif, et l'on a accordé
des entrepôts à toutes les villes maritimes seulement,
car on les a refusés à toutes les villes frontières de terre.

On ne craint pas de dire que l'esprit de parti et des
intérêts personnels ont fait prévaloir ce nouveau sys-
téme, qui bon dans des pays comme la Belgique et la
Hollande pour favoriser ce qu'on appelle le commerce
d'économie, ne présente pas les mêmes avantages à la

Une troisième loi du 1er. mai 1791, a créé une régie des douanes, et une quatrième loi du 22 août même année, a consacré les réglemens de cette administration et fixé la législation des douanes.

On ne put qu'applaudir à la réforme du système de l'impôt des douanes, elle était solli-

---

France et ne peut pas être généralement applicable à sa position territoriale.

Il faut encore laisser au temps et à l'expérience à redresser ces erreurs ; espérons qu'un jour le commerce qui doit être le premier consulté sur des questions de cette importance, pourra se faire entendre, et il lui sera facile de prouver que si le commerce d'économie peut enrichir des pays qui, n'ayant qu'un territoire restreint, se trouvent placés au milieu de nations populeuses, riches et commerçantes, il doit nuire à la propriété du commerce d'une nation aussi étendue que la France, qui ne doit avoir d'entrepôts que pour les produits de son sol, de ses colonies et de son industrie.

Nota. On a objecté aux plaintes du commerce de Marseille, que depuis la suppression de la franchise, cette ville était devenue toute manufacturière, et qu'en rétablissant les anciens priviléges de la franchise du port, il y avait eu nécessité de multiplier les moyens de répression de la fraude ; mais ne pouvait-on pas arriver au même but par des mesures moins sévères ?

citée depuis longtemps, mais elle pouvait s'opérer sans cette secousse violente dont les effets furent si funestes au commerce et à l'industrie.

Que les novateurs ne s'attrribuent pas l'honneur de cette réforme, elle était depuis longtemps arrêtée dans le conseil de S. M. Louis XVI. Les circonstances seules avaient retardé l'exécution de sa volonté.

En effet, tous les droits de douanes, soit intérieurs, soit extérieurs, avaient été successivement établis dans les temps de la féodalité; leur maintien tenait à certains priviléges acquis par quelques provinces et cédés à d'autres; il fallait donc concilier ces intérêts divers avant d'opérer la réforme.

C'est dans ces vues, que sous le règne de Louis XV et sous le ministère de l'abbé Terrai, une commission spéciale avait été chargée de préparer la suppression des droits de douanes dans l'intérieur pour les reporter tous aux frontières; le projet de la commission avait été soumis à toutes les chambres de commerce, la seule cause du retard dans l'exécution, fut la difficulté d'accorder ce nouvel ordre de choses avec les priviléges que réclamaient certaines provinces.

Sous le règne de Louis XVI, et sous le ministère de M. Necker, une nouvelle commission (1) du conseil fut chargée de revoir ce projet et d'en hâter l'exécution. (2).

Il est donc bien constant que la réforme de l'impôt des douanes n'était pas une conception nouvelle dont les novateurs pussent se faire un mérite pour se populariser ; elle était depuis long-temps un des objets importans de la sollicitude de nos rois : et c'est pour justifier complettement ce fait que je crois devoir publier en partie le rapport qui avait été adopté par les conseils de Leurs Majestés.

On y trouvera des renseignemens, je puis dire inconnus, et essentiellement utiles et instructifs sur l'origine, la théorie et le système des douanes en France ; on y remarquera que le nouveau tarif projeté, basé sur les intérêts de l'agriculture, du commerce, de l'industrie et de la navigation divisait les droits en sept classes.

« Les droits de *douanes* ou *de traites* (dit le rapport), sont des droits qui se lèvent sur les marchandises à l'entrée du royaume, à sa sortie ou à son passage dans les provinces.

_____

(1) Deux des membres de cette commission étaient M. le baron de Cormeré, intendant des finances, et M. de Laperrière, fermier-général.

(2) Voir ce que dit M. Neker dans son compte rendu, page 89.

» Ils doivent leur origine à un enchaînement de circonstances qui vont être successivement développées.

« Il serait à désirer que l'établissement de ces droits, la manière de les percevoir et leur quotité, pussent toujours être dirigés dans la vue d'accorder toute la faveur et tous les encouragemens possibles aux productions du sol et de l'industrie des habitans du royaume ; de faciliter l'exportation du superflu des marchandises et denrées de l'intérieur, et de restreindre autant que le besoin peut le permettre, l'importation des marchandises et denrées étrangères : mais la nécessité de conserver des produits dont les conjonctures et des dépenses indispensables ne permettent pas de faire le sacrifice, et des arrangemens de convenances et de politique avec les puissances étrangères, contrarient les vues qu'une administration éclairée peut former sur cet objet, ou du moins en suspendent l'exécution ».

L'impôt des douanes a dû prendre son origine au moment où les peuples ont établi entre eux un commerce d'échange.

« Les Romains avaient senti la nécessité de ne pas permettre indistinctement l'importation de toutes sortes de denrées et marchandises ; on trouve dans le Code la preuve que sous les empereurs il existait un magistrat (*comes commerciorum*), qui remplissait les fonctions d'intendant du commerce , et qui avait la faculté de faire entrer dans l'empire, certaines productions étrangères ; de ce genre étaient les soies qui venaient alors du Levant.

» Les lois paraissent indiquer que les droits perçus sur les marchandises de tous genres importées dans l'empire , étaient uniformes , qu'ils revenaient au huitième de la valeur et qu'ils étaient acquittés par tous indistinctement , et que celles dont la sortie était permise étaient exemptes de tous droits. Voy. C. , liv. 4 , tit. 40 , 48 et 61.

» Les droits de traites ou douanes étaient aussi connus dans les Gaules, lorsque, dans les premières années du Ve. siècle , elles devinrent le partage des barbares. On sait que chaque peuplade y forma un établissement ; les Goths et les Bourguignons y subsistaient déjà en corps de nation lorsque les Francs vinrent s'y établir , et la distinction des territoires de ces peuples , introduisit sans doute la distinction de tous les bureaux de douanes qui existaient sous la première et la seconde race de nos Rois.

» Ces bureaux excitaient des plaintes et des représentations de la part des peuples, et Clotaire II y ayant égard , rendit en 614 , à la demande du concile assemblé à Paris, un édit par lequel il fit défense d'établir par la suite d'autres douanes ou péages, que ceux qui existaient sous les rois ses prédécesseurs ».

» L'histoire de Dagobert Ier., fait connaître que ces droits étaient perçus au nom du roi par des officiers qu'on appelait *actores regii*.

» La même histoire nous apprend que Dagobert ayant donné à l'église de Saint-Denis, une rente de cinq sols d'or pour l'entretien de son luminaire, en assigna les paiemens sur le produit de la douane de Marseille.

Il paraît donc certain que dès cette époque, il existait à Marseille, Valence, Lyon, et dans d'autres endroits, des douanes dans lesquelles on percevait des droits sur les marchandises et denrées y qui passaient, même lorsqu'elles provenaient de l'intérieur du royaume.

» On trouve ces droits de douanes ou péages sous les Rois de la seconde race, et l'on voit par une Charte de Charles le Chauve, qu'il accorda l'exemption des droits à l'Abbaye de Saint-Maur-les-Fossés (Baluze, tome, 2, chapitre 3.).

» Les révolutions qu'éprouva la maison de Charlemagne, ayant pour ainsi-dire substitué à la puissance publique celle d'une multitude de seigneurs qui se regardaient presque comme indépendans ; ces seigneurs s'emparèrent des droits qui avaient été établis dans leurs territoires ; ils en établirent bientôt eux-mêmes de nouveaux ; le commerce fut presque entièrement interrompu ; chaque province forma un état particulier , et elles devinrent sinon ennemies , du moins étrangères les unes aux autres.

» A mesure que les troubles cessèrent et que nos rois reprirent leur autorité , ils rendirent quelques ordonnances en faveur du commerce : on voit par celle que donna St.-Louis , en 1254 à son retour de la Terre-Sainte , que la traite de l'or , de l'argent , des joyaux de prix , des munitions de guerre était défendue : à l'égard des denrées nécessaires à la vie , telles que les bleds, vins et autres productions de ce genre , la faculté ou la défense de les exporter était subordonnée aux circonstances ; c'était aux baillis et sénéchaux qu'appartenait le droit de permettre ou défendre la sortie de ces denrées.

» Ansi l'on voit que dans tous les temps les ordonnances avaient prohibé le transport hors du royaume , de certaines denrées et marchandises , soit pour conserver l'abondance , soit pour empêcher qu'on ne fournît des armes aux ennemis de l'état.

» En 1504, les ouvriers en laines représentèrent que la faculté qui existait de transporter hors du royaume, les laines et autres matières propres à l'apprêt et à la teinture, était préjudiciable au progrès des manufactures; ils offrirent, en demandant que ces exportations fussent prohibées, de payer un droit de douze deniers sur chaque pièce de drap qui serait vendue en gros, et de sept deniers pour celles qui seraient vendues en détail.

» Philippe - le - Bel, regarda cette circonstance comme un moyen propre à augmenter ses revenus, et en accédant à la demande des ouvriers en laines il défendit, par ordonnance du 1er. février 1304, la sortie non seulement des laines et matières premières, mais de presque toutes les denrées et marchandises, même fabriquées en France, se réservant d'accorder telles permissions qu'il jugerait à propos.

» Le simple exposé de ce réglement fait sentir tous les inconvéniens qui pouvaient résulter de son exécution littérale; mais l'intention de Philippe-le-Bel, était moins d'interdire toute espèce de traites, que de se procurer un bénéfice sur les permissions qui seraient accordées.

» D'après cette ordonnance, Philippe-le-Bel fit expédier le 6 du même mois au nommé Coquatrix, une commission de maître des ports et passages de France.

» Cette commission portait, que cet officier étant parfaitement instruit des besoins du royaume, y conserverait les choses nécessaires pour sa consommation et réglerait ce qu'il conviendrait de laisser sortir pour l'usage des alliés de l'État seulement.

» Ce maître des ports et passages n'eut pas plutôt organisé les bureaux qu'il avait jugé devoir établir pour assurer l'exécution de l'ordonnance, que Philippe-le-Bel, adressa aux gardes de ces bureaux un mandement daté de Neubourg, le 25 avril 1310, qui leur enjoignit de faire porter à ses trésoriers de Paris, tout l'argent qui proviendrait des ports et passages.

» Louis Hutain, qui succéda à Philippe-le-Bel, apporta des adoucissemens : il rendit en 1315, une ordonnance qui permettait d'exporter des vivres et des toiles ; mais Philippe-le-Long, fit revivre dès 1320, l'ordonnance de 1304, et par mandement du 17 mai 1321, en renouvelant la défense de ne laisser sortir aucune marchandise sans payer finance, il ordonne que le montant de cette finance sera réglé par la chambre des comptes de Paris.

» On trouve dans les registres de la chambre

des comptes, le détail des marchandises dont l'importation n'était accordée que moyennant une finance.

» En 1334, Charles-lé-Bel, rétablit les choses dans leur ancien état, et se porta à interdire de nouveau le transport hors du royaume de toutes les marchandises en général.

» Ces prohibitions alarmèrent les étrangers qui étaient dans l'usage de commercer avec la France, et pour en obtenir la révocation, ils offrirent de payer quatre deniers pour livres, du prix des marchandises qu'ils enleveraient.

» Charles-le-Bel, consentit à cette proposition, en conséquence il excepta de la prohibition un certain nombre de marchandises, sous la condition du paiement à la sortie, de quatre deniers pour livre de la valeur; ce droit s'appela, droit de *Rève*.

» Depuis cette époque jusqu'en 1386, il fut rendu un grand nombre de réglemens, soit pour prohiber l'exportation de certaines marchandises, soit pour régler les cas d'exception, soit pour fixer les droits qui seraient acquittés.

» Un seul est remarquable, c'est celui rendu par la chambre des comptes le 5 avril 1342, portant le tarif des droits à payer sur l'importation des laines.

» On reconnut cependant que la permission indéfinie d'exporter les laines devenait préjudiciable aux foires de la Champagne et de la Brie, et il fut sursis à l'exécution du réglement par ordonnance du 6 août 1349. Cette surséance ne dura qu'une année, et finit avec le règne de Philippe de Valois.

» Sous le règne du roi Jean, la traite des laines fut permise; mais un réglement de 1353 en restreignit la sortie à certains ports et passages, et apporta des changemens dans le tarif des droits, qui fut définitivement fixé, en 1361, à 4 florins par charge, ou 8 liv. 16 sous.

» Les mêmes motifs avaient porté la chambre des comptes à permettre la sortie des toiles et des fils moyennant un droit qui fut définitivement fixé, en 1383, à 7 deniers pour livre de la valeur.

» Ce même réglement permettait la sortie du fer et de l'acier non fabriqué en armes moyennant un droit de 12 deniers tournois par quintal. »

» Il permettait également la sortie des draps blancs et écrus moyennant le droit de 7 deniers pour livre de la valeur, des teintures moyennant 12 deniers et du tartre moyennant 4 sous tournois.

» En 1360, le Roi Jean, pour subvenir aux frais de sa rançon, établit un nouveau droit de sortie sous le nom d'imposition foraine, et réglé à 12 deniers pour livre.

» Ce prince, pour s'indemniser du refus que firent quelques provinces de contribuer aux aides, ordonna que ces provinces seraient regardées, à l'égard du droit de traites, eomme étrangères.

» C'est d'après cette circonstance que furent formés successivement tous les bureaux des traites, savoir : dans la Picardie, du côté de l'Artois ; dans l'Anjou, du côté de la Bretagne et du Maine ; dans le Poitou, du côté de l'Angoumois ; dans le Berri, du côté de la Marche et l'Auvergne et du Forês, et dans le Lyonnais et le Languedoc, du côté de l'Auvergne.

» Par un édit de 1577, Henri III déclara que la faculté de permettre la traite et le transport des marchandises du royaume à l'étranger était un droit royal et domanial ; il établit, en conséquence, un nouveau droit de sortie dénommé *traite domaniale*, sur les grains, les vins, les légumes, les toiles, le pastel, les laines et presque toutes les marchandises et denrées.

» On ne connaissait avant Henri III d'autres droits sur les marchandises venant de l'étranger, que celui de 4 pour cent sur les drogueries et épiceries, et celui d'un *écu* par quintal sur les aluns.

» Par édit du 5 octobre 1581, Henri III établit, à l'entrée de toutes les marchandises et denrées qui seraient tirées de l'étranger, un droit de 2 pour cent de leur valeur ; les provinces réputées étrangères étaient assujéties au paiement de ce droit.

» En 1621, un nouveau motif engagea Louis XIII à multiplier les bureaux de traites : ce prince ayant reconnu qu'il n'en existait aucun dans quelques provinces frontières, ni du côté de l'étranger ni du côté de l'intérieur du royaume, il ordonna qu'il en serait établi de l'un des deux côtés, au choix des provinces.

» La Bourgogne ayant préféré la liberté de commerce avec les provinces d'intérieur, les bureaux furent établis sur les frontières de la Franche-Comté, qui était alors étrangère.

» Le Dauphiné, au contraire, la Saintonge, le pays d'Aunis, la Guyenne, la Bretagne et le Maine, préférèrent de les laisser établir du côté du Languedoc, du Poitou et de la Normandie.

» La Provence en laissa établir de tous les côtés.

» Alors les bureaux qui existaient dans la Normandie, la Picardie, la Champagne, la Bourgogne, le Poitou, le Berri, le Bourbonnais, et l'Anjou, formèrent une chaîne, et l'enceinte qu'ils renfermaient fut appelée l'*étendue des cinq Grosses-Fermes*.

» Toutes les provinces extérieures furent *réputées étrangères*, sans excepter le Lyonnais,
le Languedoc et la Provence, qui cependant
se trouvaient dans des circonstances particu-
lières.

» On percevait dans ces bureaux les cinq
droits primitifs connus sous les noms de *Rêves*,
haut passage, domaine forain, traite domaniale
et imposition foraine.

» Il se percevait encore une multitude de
petits droits locaux et particuliers qui entravaient
à chaque instant le commerce dans sa circulation;
ils furent supprimés par l'édit de 1664, dont on
va parler : un seul a été maintenu, c'est celui
connu sous la dénomination de *trépas de Loire*,
qui se percevait sur les marchandises qui mon-
taient, descendaient ou traversaient la Loire.

« Il avait été établi par Charles V, en 1569.
pour fournir aux Anglais 13,000 francs d'or, que
Bertrand Duguesclin leur avait promis sous la
condition qu'ils évacueraient l'abbaye de Saint-
Maure, située entre Saumur et Anger. »

Le 12 août 1586, Henri III engagea une
portion de ce droit pour 150,000 livres, et
cette perception a toujours eu lieu nonobstant
le tarif de 1664.

« On avait reconnu depuis long-temps la nécessité de simplifier les droits, d'en régler, au-

tant qu'il serait possible, la perception par des principes uniformes; ce fut l'objet de l'édit donné au mois de septembre 1664, et dont il est indispensable de rappeler le préambule et les dispositions. »

Le préambule dit « que si les diminutions qui » avaient été accordées successivement sur les » tailles, sur les gabelles et sur quelques autres » droits, avaient procuré un soulagement au » peuple, il avait été reconnu en même temps » que ce n'était qu'en s'occupant des moyens de » rétablir le commerce qu'on pouvait parvenir » à faire renaître l'abondance;

» Que pour remplir des vues aussi intéres- » santes le Roi s'était fait représenter un état de » tous les péages qui se perçoivent sur les diffé- » rentes rivières du royaume, et qu'il en avait » été supprimé une si grande quantité, que la » navigation en avait été considérablement sou- » lagée;

» Que Sa Majesté avait pareillement fait ré- » tablir les ponts, chaussées, turcies et levées » et autres ouvrages publics dont le mauvais » état empêchait le transport des marchandises » et denrées;

» Qu'après avoir ainsi pourvu à tout ce qui » pouvait faciliter le rétablissement du com- » merce au-dedans, Sa Majesté avait donné son

2

» attention au rétablissement de la navigation
» et du commerce au-dehors;

» Qu'ayant reconnu que depuis long-temps
» les étrangers s'étaient rendus maîtres du com-
» merce par mer et même de celui qui se faisait
» de port en port au-dedans du royaume, Sa
» Majesté aurait établi un droit de 50 sous par
» tonneau de fret sur tous les vaisseaux étran-
» gers, et aurait déchargé de ce droit les vais-
» seaux nationaux afin d'engager les armateurs
» et négocians à se servir de leurs vaisseaux et
» à en faire construire un nombre suffisant pour
» faire leur commerce de port en port;

» Qu'elle aurait pareillement établi un conseil
» de commerce qui devait se tenir tous les quinze
» jours en sa présence, et dans lequel on devait
» examiner les moyens par lesquels on pourrait
» parvenir au rétablissement du commerce en
» dedans et en dehors;

» Que l'un des objets les plus essentiels étant
» de pourvoir à la diminution et à une nou-
» velle fixation des droits qui se levaient sur
» toutes les marchandises à l'entrée et à la sortie
» du royaume, Sa Majesté, sur le compte
» qu'elle s'était fait rendre de l'origine et de
» l'établissement de ces droits, aurait reconnu
» qu'ils avaient été tellement multipliés et créés
» sous tant de dénominations différentes, que

» leur perception ne pouvait qu'être très-oné-
» reuse au commerce. »

L'édit contient, en conséquence, plusieurs
dispositions principales :

Par la première, (concernant la sortie des
marchandises et denrées sur les frontières des
cinq Grosses-Fermes,) les droits de rêve, haut
passage, domaine forain et tous autres, sont
convertis en un seul droit de sortie qui devait être acquitté dans les premiers et plus pro-
chains bureaux de chargement des marchandises
et denrées, conformément au tarif annexé à
l'édit.

Par une seconde disposition, les droits d'entrée sur les épiceries et drogueries, sur les
aluns, et tous autres droits tels qu'ils fussent,
sont convertis en un seul droit d'entrée dont
la perception doit être faite au premier bureau
du passage, tant par eau que par terre.

Par une troisième disposition, l'édit supprime
une multitude de droits locaux.

« Le nouveau tarif de 1664 avait été projeté
pour avoir lieu à toutes les entrées et sorties
du royaume ; il fut, en conséquence, proposé
aux différentes provinces; mais plusieurs préférèrent de s'en tenir aux anciens tarifs.

» Celles qui acceptèrent le tarif de 1664
étaient connues sous la dénomination de pro-

vinces des *cinq Grosses-Fermes*; celles qui s'y refusèrent furent appelées *provinces réputées étrangères*, puisqu'elles l'étaient réellement au tarif.

» Il fut reconnu depuis la mise à exécution du tarif de 1664, que les droits qu'il imposait à l'entrée sur les marchandises de fabrique étrangère et à la sortie sur quelques matières premières étaient trop faibles, qu'il était essentiel d'écarter l'entrée des produits manufacturés à l'étranger et de conserver les matières premières dans l'intérieur de la France; tel fut le motif de la déclaration du 18 avril 1667, qui porte avec elle un nouveau tarif augmentatif des droits, et les exige à toute entrée ou sortie du royaume, sans distinction de provinces des C. G. F. ou rép. étr.

» Postérieurement, les cessions faites à la France par les traités des Pyrénées et d'Aix-la-Chapelle donnèrent lieu à un tarif arrêté en 1671, et qui n'avait d'application qu'aux pays cédés, c'est-à-dire, la Flandre, le Hainaut et l'Artois.

» La Franche-Comté, cédée à la France en 1678 par la paix de Nimègue, n'a point de tarif particulier.

»On a cherché à concilier autant que les circonstances ont pu le permettre, la fixation des droits avec les égards que méritent l'agriculture, les intérêts du commerce, les progrès de l'industrie nationale, et notre position vis-à-vis des puissances étrangères.

» Depuis le tarif de 1664, différens genres de fabrication et de culture se sont considérablement accrus. L'importation de l'étranger devenait, par cette circonstance, nuisible à leurs progrès, et l'exportation leur était nécessaire. Il a fallu opposer des obstacles à l'une et favoriser l'autre : il s'est formé des compagnies de commerce, il a fallu les protéger ; les commerces des Iles et de Guinée se sont élevés et ont exigé des facilités ; la pêche a fait des progrès, il est devenu important d'exciter l'émulation par des encouragemens ; les manufactures se sont multipliées, il a fallu leur conserver les matières premières nécessaires à leur aliment, écarter les fabrications étrangères et ouvrir la porte aux produits de l'industrie française, de manière à la mettre à même de soutenir la concurrence chez l'étranger pour le débit : ces différens objets n'ont pu être remplis que par des prohibitions ou par une hausse successive des droits, ou une modération, ou même une exemption, suivant les circonstances.

« Ces différens arrangemens, combinés d'après les intérêts de notre commerce et de notre agriculture, et d'après notre position déterminée, dans certain cas, vis-à-vis des puissances étrangères par des raisons de politique, de convenance et de réciprocité, n'ont pu être remplis que par un nombre infini de réglemens. »

» Les droits établis par ces réglemens s'appellent *les droits des nouveaux arrêts;* ils sont uniformes à toutes les entrées et sorties du royaume.

» Mais la France ne se divisait pas moins en trois sortes de provinces relativement au tarif de 1664, savoir :

Provinces des cinq Grosses-Fermes,

Provinces réputées étrangères,

Et provinces traitées comme pays étranger.

» Après avoir réglé et déterminé par les différens tarifs, la quotité des droits d'entrée et de sortie, il restait à établir les principes par lesquels la perception devait en être faite; ce fut l'objet de l'ordonnance de 1687, qui constitue la législation sur cette matière.

» Elle est divisée en quatorze titres, dont on indiquera seulement l'objet.

Le 1er. règle les cas dans lesquels les droits doivent être perçus,

Le 2e. concerne les déclarations, les visites et les acquits de droits à l'entrée et à la sortie.

Le 3e. détermine les lieux destinés pour l'entrée de certaines marchandises venant de l'étranger,

Le 4ᵉ. concerne la marque des toiles et autres étoffes.

Le 5ᵉ. règle le paiement des droits sur les marchandises sauvetées.

Le 6ᵉ. concerne les acquits à caution.

Le 7ᵉ. règle ce qui concerne les inventaires et transports des vins et eaux-de-vie dans les quatre lieues.

Le 8ᵉ. traite des marchandises de contrebande et de celles prohibées.

Le 9ᵉ. concerne les magasins et entrepôts.

Le 10ᵉ. prescrit des formalités pour les marchandises qui entrent dans Paris.

Le 11ᵉ. concerne les saisies.

Le 12ᵉ. traite de la juridiction des juges des traites.

Le 13ᵉ. des amendes et confiscations.

Le 14ᵉ. et dernier, concerne la police générale de l'administration des droits d'entrée et de sortie.

Ces réglemens sont basés sur la division des provinces de France en trois classes.

Les provinces qui constituent le régime des cinq grosses-fermes ou du tarif de 1664, les provinces réputées étrangères, et les provinces traitées comme pays étrangers.

« Il résulte de ces réglemens que rien ne passe

des provinces dites des Cinq grosses-Fermes dans les provinces réputées étrangères, et de ces dernières dans les premières qui n'ait acquitté le tarif de 1664.

» On ne peut cependant se dispenser de remarquer que, si les droits d'entrée pour ce qui vient réellement du pays étranger, les droits de sortie pour ce qui y est exporté et les prohibitions ont été sagement établis dans l'intérêt du commerce, d'un autre côté, les droits qui se lèvent à l'entrée ou à la sortie des provinces réputées étrangères, en venant des provinces qui forment l'enclave des cinq grosses-fermes, apportent nécessairement des entraves et des gênes au commerce de circulation, on se propose de les faire cesser par le projet du nouveau tarif auquel on travaille actuellement, et dont on rendra compte à la fin de ce mémoire.

» Indépendamment du droit de tarif de 1664, on percevait encore, dans l'étendue des cinq grosses-fermes, quelques droits particuliers connus sous le nom de *Tablier et Prévôté de La Rochelle de quatre deniers pour livre* de la valeur des marchandises; *péage de Péronne*, de deux sous par cent pesant; un droit sur les vins, sur les toiles, sur le poisson et autres droits connus (1).

_____

(1) Tous ces droits sont détaillés au rapport ; on a ju-

» Voici maintenant les provinces réputées étrangères au tarif de 1664; ce sont celles qui ont préféré de suivre les anciens tarifs, mais elles sont toujours soumises aux droits des nouveaux arrêts pour ce qui vient réellement du pays étranger ou qui y va, sauf les exceptions résultantes des franchises et du bénéfice du transit accordé à certaines provinces dans certains cas.

» 1°. Les marchandises et denrées qui communiquent de Dunkerque à l'Empire et dépendances, ou de ces villes et lieux à Dunkerque, ne sont point sujettes aux droits d'entrée et de sortie ordinaires, elles doivent seulement cinq pour cent pour droit de transit : cependant les sucres sortant de Dunkerque sont assujettis aux droits.

» 2°. Le transit des rivières et canaux qui communiquent d'un lieu à un autre de la domination étrangère, ou dont la rive emprunte les terres de France.

» Ce transit est à l'infini et soumis à divers réglemens et tarifs, suivant les localités ».

Je ne suivrai pas le mémoire dans tous les détails, il me suffit de faire connaître quels étaient les droits principaux qui se percevaient dans ces provinces.

---

gé inutile de les rappeler ; il suffit qu'on sache qu'ils ont exis'é.

On y connaissait le droit de la prévôté de Nantes ; — Celui des ports et hâvre ; — Celui de la traite de Charente ancienne et domaniale ; — De courtage et mesurage ; — Le droit de comptablie , nommé à Bordeaux la grande et petite coutume ; — Celui de couvoy de Bordeaux ; — Celui dit la branche de cyprès , dont l'origine , suivant la chronique bordelaise , vient de ce qu'anciennement les matelots qui venaient acheter des vins à Bordeaux, étaient dans l'usage de remporter avec eux , comme marque de triomphe, une branche de cyprès dont ils ornaient leurs vaisseaux : ils étaient tellement attachés à cet usage qu'ils se soumirent à payer un droit plutôt que d'y renoncer.

On connaissait encore les droits de traite-foraine ; — La coutume de Bayonne ; — Les douanes de Lyon et de Valence ; — Péage de Vienne ; — Péage royal d'Aix ; — Denier de Saint-André ; — Deux pour cent d'Arles ; liard du baron et patente du Languedoc.

On trouve dans le rapport tous les détails relatifs à ces différens droits , et à la manière dont ils sont perçus et exigibles. Ils seraient ici sans intérêt ; c'est pourquoi l'on s'est borné à les analyser ; mais il a paru utile de rapporter ce qui concerne les provinces traitées comme étrangères.

« Ce sont celles qui ne sont pas fermées par des bureaux de traites et conservent une libre communication avec l'étranger ; telles sont l'Alsace, les Trois-Évêchés , Dunkerque , Bayonne et Marseille.

» Il n'y a pas de droits de traite dans l'Alsace et les Trois-Évêchés : ces deux provinces ne connaissent ni les prohibitions ni les droits uniformes ; elles communiquent librement avec l'étranger , et les barrières sont placées entre ces provinces et celles de l'intérieur, de sorte que les marchandises paient les mêmes droits à l'entrée ou à la sortie de ces provinces que celles de l'étranger.

» Dunkerque est un port absolument franc. Louis XIV , par sa déclaration du mois de novembre 1662 , « maintient la ville de Dunkerque,
» port , hâvre et habitans d'icelle , en tous les
» droits , franchises , exemptions et libertés dont
» ils jouissaient auparavant ; ordonne que tous
» marchands , négocians et traficans pourront
» aborder en toute sûreté , vendre et débiter
» leurs marchandises franchement et quittement
» de tous les droits d'entrée , foraine doma-
» niale et tous autres sans exception ; comme
» aussi , que lesdits marchands et négocians
» pourront acheter et tirer de la ville toutes les
» marchandises que bon leur semblera, les char-

» ger et transporter sur leurs vaisseaux ; fran-
» chement et quittement de tous droits de sor-
» tie , etc.

» D'après ces dispositions Dunkerque est traité comme étranger.

» Il en est à-peu-près de même du port de Bayonne et du pays de Labour ; il y a cependant certaines marchandises qui y sont prohibées et d'autres qui sont assujetties aux mêmes droits qu'à toutes les entrées du royaume.

» Marseille est dans le même cas que Bayonne. — L'édit du mois de mars 1669 déclare le port et hâvre de cette ville libres à tous marchands et négocians ; cependant il se perçoit dans l'intérieur de la ville un droit connu sous le nom de poids et casse, et à l'entrée un droit de vingt pour cent sur les marchandises du levant.

» Celui du poids et casse est un ancien droit des comtes de Provence , dont l'origine n'est pas connue : il résulte de l'obligation imposée au commerce de faire peser toutes les marchandises au poids du Roi.

» Celui de 20 pour cent sur les marchandises du Levant se perçoit à Marseille, comme dans toutes les autres provinces du royaume.

» On y perçoit encore *la table de mer*. C'est un ancien droit domanial établi par les comtes de Provence.

» Depuis que ce droit était rentré dans la main du Roi, il fut successivement engagé à différens aliénataires, notamment au cardinal de Richelieu; mais les citadins de Marseille en étaient exempts.

» Un autre droit qui se perçoit à Marseille et dans tous les ports ouverts au commerce des Iles, c'est celui de 3 pour cent du domaine des îles d'Occident. Il se paie comme droit de sortie des Iles.

» Suivant l'article 25 des lettres-patentes du mois d'avril 1717, portant réglement pour le commerce des colonies, ce droit se perçoit en argent ou en nature.

» Toutes les marchandises des Iles et colonies françaises jouissent, à leur arrivée en France, de la faculté d'entrepôt pendant un an. Elles peuvent, dans cet intervalle, être exportées à l'étranger en exemption de droits; si elles entrent dans la consommation, elles acquittent les droits d'entrée, à l'exception de celles destinées pour la Bretagne, Bayonne, Marseille et Dunkerque.

» Ces droits sont, pour les sucres bruts, de 50 sous par quintal, pour ceux terrés de 8 francs, et pour ceux rafinés, de 22 liv. 10 sous. Ces derniers ne jouissent pas de l'entrepôt; le motif de cette distinction a été d'exciter la culture dans les îles, et de relever la main d'œuvre de la fabrication.

» La Bretagne a aussi des priviléges; on n'y perçoit pas sur les denrées coloniales le droit établi par les lettres-patentes de 1717; mais ces marchandises n'y jouissent pas de l'entrepôt.

» Les sucres bruts et terrés acquittent les droits de la prévôté, de 2 sous par quintal.

» Les sucres qui sont rafinés en Bretagne ne peuvent entrer dans le royaume que par le bureau d'Ingrande, aux droits de 13 livres 15 sous le quintal. (*Arrêt du 2 mars* 1700.)

» On a fait connaître que, par des arrêts postérieurs au tarif de 1664, différens droits sont perçus uniformément dans tout le royaume. De ce nombre sont les droits dits de *fret* et droits sur l'étain.

» Le droit de fret est un droit imposé sur les vaisseaux étrangers qui viennent dans nos ports ou qui en partent chargés.

» Ce droit a été définitivement fixé par la déclaration du 25 mars 1765, à 5 livres par tonneau de mer. Et il est fait distinction par cette déclaration du cabotage qui s'effectue dans la même mer, de celui qui s'effectue de l'océan dans la méditerrannée et *vice versá*, dans le cas de ce dernier cabotage le droit de fret est de 10 fr.

» Au surplus, le droit de fret a reçu beaucoup d'exception pour le cas seulement de vaisseaux étrangers, qui viennent de l'étranger dans les ports de France ou qui sortent de nos ports pour retourner chargés à l'étranger.

» Les Anglais avaient obtenu l'exemption du droit par l'art. 2, du traité d'Utrech.

» Les Hollandais l'avaient aussi obtenu par le même traité et par arrêt du 30 mai 1713. Ils ont été privés de cette exemption par arrêt du 31 décembre 1745; mais il l'obtinrent de nouveau par simples ordres du ministre des finances, dont le dernier est du 25 mai 1756. On avait encore accordé cette exemption aux vaisseaux Danois et des autres nations du Nord, restées neutres pendant la guerre terminée par le traité d'Utrech, suivant les ordres du Roi, des 6 décembre 1706, 23 juillet 1713; confirmés pour la Suède et le Danemarck, par les traités des 25 avril 1741 et 23 août 1742.

» Aux Espagnols par des ordres du Roi, et par le pacte de famille du 15 août 1761.

» Aux napolitains et Siciliens par le même pacte de famille.

» Aux vaisseaux des villes ansiatiques de Lubeck, Berne, Hambourg et Dantzick par le traité de commerce du 28 septembre 1716.

» La ville de Hambourg, ayant donné des sujets de mécontentement pendant la dernière guerre, a été privée de cette exemption par arrêt du 24 mai 1760.

» Aux vaisseaux Prussiens, par le traité de commerce du 14 février 1753.

» Le droit sur l'étain a été substitué par ordonnance de 1681, à un droit de marque qui avait été établi par une déclaration du 9 février 1674, il est de deux sols six deniers, pour livre pesant a l'entrée.

» Il reste à parler maintenant des droits établis sur les huiles et savons, ils sont de deux espèces.

» Les uns sont dus à l'entrée du royaume sur les huiles étrangères.

» Les autres sont dus à la fabrication avant l'enlèvement ou à la consommation.

» Ils sont déterminés par une déclaration du 21 mars 1716.

» Ils consistent, 1°. en trois deniers par livre d'huile de thérébentine, des lins et autres menues grains.

» 2°. six deniers par livre d'huile de poisson, d'olive, d'amende, de noix et autres fruits.

» 3°. un sols par livre d'huile d'essence et autres de plus grande valeur.

» 4°. Les savons qui sont formés avec de l'huile

sont assujétis pour représentation des huiles à trente sols le quintal (1) ».

RÉSUMÉ DU RAPPORT.

« Tel est, (dit le rapport) l'état actuel des droits de traites qui par leur nature et relativement aux circontances sont susceptibles de variations et de changemens ; il ne reste plus qu'à rendre compte du projet dont on est occupé pour faire cesser les distinctions qui subsistent , quant à ces droits , entre les différentes provinces du royaume.

» La circulation des marchandises dans toutes les provinces, est, dans l'état présent des choses , nécessairement interceptée par tous les bureaux qui les divisent et qui forment le cercle où chaque droit est dû.

» L'objet qu'on se propose par la formation d'un nouveau tarif, est de supprimer ces divisions, de détruire toutes les barrières qui forment tant d'obstructions au commerce, et de rendre entièrement libre la communication de tout

---

(4) A la suite de cet impôt des différens droits de traites perçus dans le royaume , on donne des notions sur les formes de la régie des traites. Nous avons cru devoir supprimer ces détails comme inutiles.

3

l'intérieur du royaume, en sorte qu'il n'y ait de droits à payer que dans le cas d'importation de l'étranger ou d'exportation à l'étranger.

» On conserve néanmoins dans ce projet quelques villes franches ; telles que Marseille, Dunkerque, Bayonne et Strasbourg, qui entretiendront une libre communication avec l'étranger et ne pourront, par conséquent, en avoir une avec l'intérieur du royaume vis-à-vis duquel elles seront traitées presqu'à tous égards comme pays étranger.

» Les droits qui doivent former ce tarif sont combinés dans l'intérêt du commerce et des manufactures.

» Ils sont tirés sur six taux différens :

» Le premier et le plus fort est celui de 20 pour cent, ce droit est regardé comme prohibitif, il n'est établi que pour empêcher l'importation des marchandises de fabrique étrangère absolument nuisibles aux manufactures de France, il a le même objet pour l'exportation, il est conservatoire des matières nécessaires à l'aliment des fabriques nationales.

» Le second taux est de 10 pour cent, ce droit a pour objet de donner au national sur l'étranger une préférence à l'importation, par rapport à la quantité de marchandises qui ne se fabriquent pas dans le royaume à aussi bon compte que dans l'étranger et de gêner , dans l'exportation , celles que nous n'avons pas en assez grande quantité pour ne pas les conserver.

» Le troisième taux est de 7 et demi pour cent , il concerne principalement les drogueries et épiceries à l'importation.

» La consommation des drogueries ne se fait que par très-petites quantités, il en est de même des épiceries, ce sont les gens riches qui en font le plus grand usage ; c'est par cette considération que dans tous temps les drogueries et épiceries ont été chargées en proportion de plus forts droits que les autres marchandises.

» Il est à observer que toutes les drogueries qui peuvent être de quelque utilité dans les fabriques , n'entrent pas dans la classe des droits et sont traitées plus ou moins favorablement à raison de leur utilité.

» Le quatrième taux , regarde les marchandises dont l'importation ou l'exportation sont absolument indifférentes , le taux en est fixé à 5 pour cent.

» Le cinquième taux est de 3 pour cent , il concerne les marchandises qui sont utiles et de seconde nécessité à notre consommation et à nos fabriques et dont il est convenable de faciliter l'importation ».

3 *

» Ce même droit est à l'exportation pour celles de notre sol que nous avons avec certainne abondance et pour celles qui ont été fabriquées en France , mais qui n'ont pas reçu toute la main d'œuvre dont elles sont susceptibles , ou dont encore la fabrication n'est pas fort intéressante.

» Le sixième taux , qui est celui de la plus grande faveur , doit être d'un ou d'un demi ou d'un quart pour cent ; cette fixation n'est pas encore absolument déterminée.

» Son objet à l'importation est pour toutes les matières premières et drogues à teintures qui ne se trouvent pas en France , dans une quantité assez abondante, pour l'aliment de nos fabriques; il doit par rapport à l'exportation s'étendre sur tout ce qui est de fabrique intéressante .

« Tel est le plan qui a été suivi; tels sont les principes qui en ont dirigé l'opération , c'est le véritable intérêt du commerce qui a présidé à ce projet dont l'examen a été soumis à toutes les chambres du commerce ».

———

On peut juger par la lecture du rapport qui vient d'être analysé , que de recherches on a dû faire, que d'intérêts il a fallu consulter , que de précautions il a fallu prendre pour arriver à un résultat qui pût obtenir l'assentiment de toute les chambres de commerce.

On est fondé à croire , que les rédacteurs du tarif de 1791 , avaient connaissance de ce travail ; cette présomption semble justifiée par les motifs développés dans le rapport de la commission de commerce et dans le préambule de la loi du 15 mars 1791.

Mais on doit regretter qu'en prenant les mêmes bases pour l'assiette de l'impôt , on n'ait pas établi cette classification importante indiquée dans le projet adopté par les conseils de Leurs Majestés Louis XV et Louis XVI , et que l'on n'ait pas fixé le droit en raison graduée de l'emploi et de l'utilité des productions.

Cependant le tarif de 1791 , a reçu son exécution pendant 23 ans , non sans divers changemens ordonnés , plus souvent , dans l'intérêt des divers gouvernemens qui se sont succédé pendant ce laps de temps.

De premières ordonnances rendues en 1814 , sous le gouvernement de Louis XVIII , avaient modifié certains droits et totalement supprimé celui sur les cotons en laine : mais l'assiette de l'impôt en général présentait encore de l'arbitraire : le commerce demandait l'exécution du tarif de 1791 , il fut adopté en 1815 , avec

les changemens opérés par les ordonnances rendues en 1814.

Les circonstances ayant augmenté les besoins
de l'Etat, commandaient de nouveaux sacrifices,
et l'on proposa de faire porter sur l'impôt des
douanes une somme de dix millions ; cette
augmentation de droits ne devait être que mo-
mentanée; on pouvait l'obtenir facilement en la
répartissant sur les objets de luxe ou de nécessité secondaire.

Au lieu d'adopter cette mesure dont il eût été
si facile à la chambre d'apprécier les résultats,
on a fait admettre de confiance, un nouveau tarif général qui présenté aussitôt que conçu n'a-
vait pas même pu être discuté dans le conseil de
Sa Majesté.

Les intentions du directeur général étaient
sans doute dégagées de toutes préventions, mais
la formation d'un tarif général n'était pas un
simple travail de bureau que l'on pût confier à
des commis qui ne cherchant en matière d'impôt que le but financier, n'ont en général que
des idées superficielles, toujours rétrécies par
l'habitude de leurs fonctions.

Il ne suffisait pas, pour le concevoir, d'avoir
plus ou moins d'expérience en administration, il
fallait des connaissances acquises par une longue
étude et fortifiées par l'opinion d'anciens négo-

cians , versés dans toute la science du commerce.

Les douanes (en France) ne doivent pas être considérées comme impôt, elles doivent être envisagées , dans leur résultat , comme un moyen de favoriser l'agriculture, le commerce, l'industrie et la navigation.

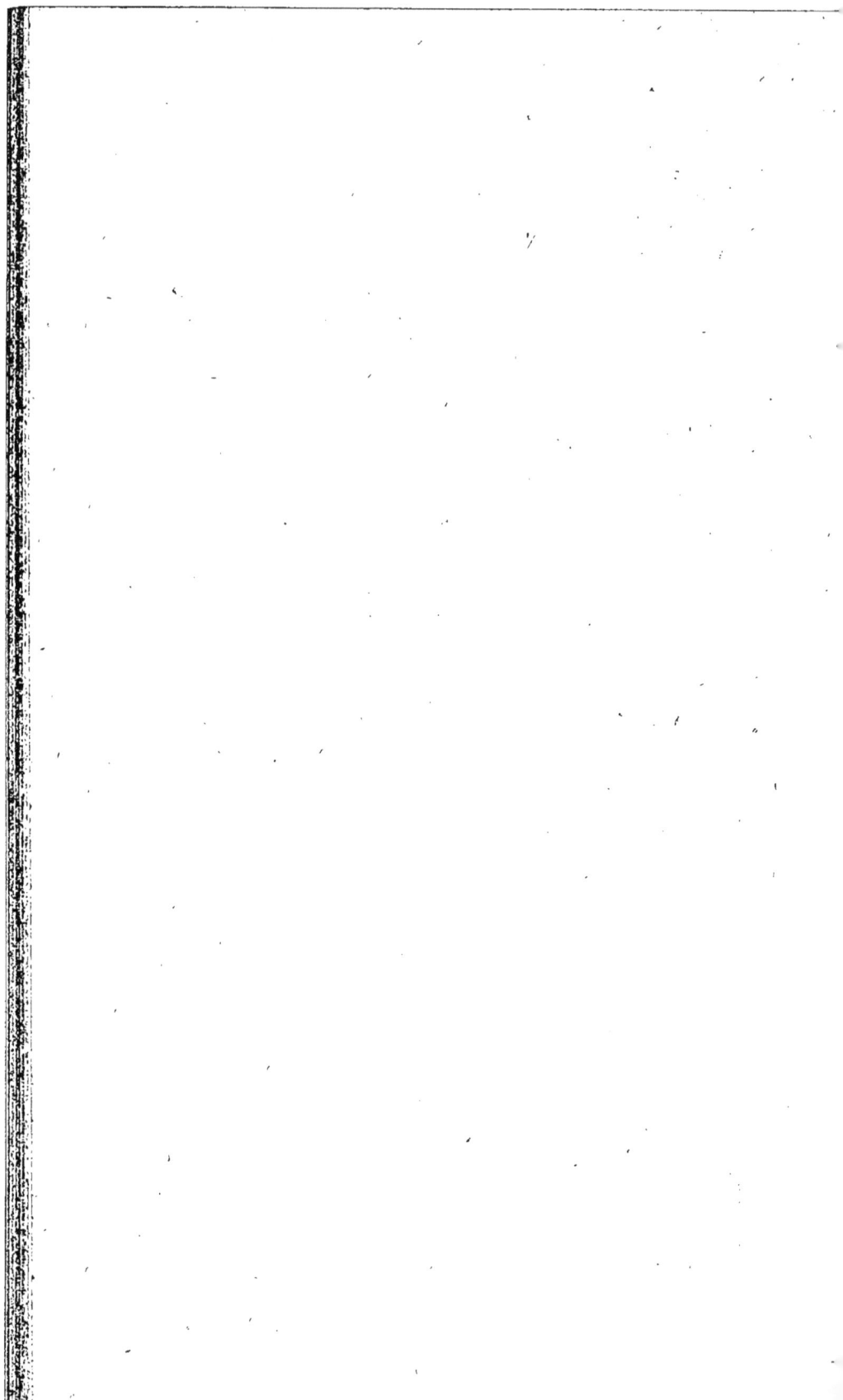

TABLE ALPHABÉTIQUE

DE TOUTES LES PRODUCTIONS

INDIGÈNES EXOTIQUES

Qui , dans leur état de nature ou n'ayant reçu qu'une première main-d'œuvre , sont considérées comme matières premières et imposées au Tarif des Douanes.

A

ABEILLES (*considérées comme produit rural*).
Ce sont les mouches qui forment le miel et la cire.

La culture des abeilles a été très-active en France avant la découverte du Nouveau-Monde : Le miel qu'on en retire , tenait lieu du sucre qui y a été substitué avec avantage , mais cette culture présente toujours de très-grands béné-

...ces sous le rapport de son produit en cire , et de tout temps elle a été encouragée par le gouvernement. Les Abeilles s'importent en essaims dans leurs ruches. *Voyez miel.*

ABELMOSCHE (fruit médicinal). *Voyez Ambrette , dénomination sous laquelle cette plante est généralement connue dans le commerce.*

ABSINTHE (herbe médicinale , indigène et exotique).

Plante à petites feuilles découpées , d'un vert pâle , d'une odeur forte et d'un goût trèsamer : sa vertu est fébrifuge.

On connaît encore l'absinthe de la Chine dont on se sert pour établir le cautère nommé *Moxa.*

On reconnaît aussi l'extrait d'absinthe qui n'est que le résidu de cette plante qu'on a fait bouillir dans l'eau ; on l'emploie dans les maladies d'estomac.

L'extrait d'absinthe , comme préparation médicinale , ne peut être admis , venant de l'étranger.

ACACIA (arbre exotique qui croît en Egypte et dans le Levant)

On ne connaît dans le commerce que le suc de l'acacia , c'est le produit de sa graine, il est de couleur brune au dehors et noirâtre ou

rougeâtre en dedans, ferme de consistance, il s'a-
mollit dans la bouche et est d'un goût astringent;
on l'apporte d'Egypte dans la forme de boules
et dans des vessies. Il est employé par les
médecins comme fortifiant et astringent, mais
il ne doit être considéré que comme nécessité
secondaire, parcequ'il peut être remplacé par
des sucs de plantes indigènes.

ACAJA (arbre exotique) qui croît aux Antilles,
à Cayenne et à Saint-Domingue.

Il s'agit ici de son fruit, espèce de grosses
prunes (dites prunes de monbain), (fruit médicinal). l'Amande est d'un blanc jaunâtre;
c'est une drogue fébrifuge, de nécessité secondaire, pouvant être remplacée par les plantes indigènes,

ACAJOU (noix d') (arbre exotique) qui croît
aux Antilles et dans l'Amérique méridionale.
La noix d'acajou est un noyau en forme de rognon, qui contient une amande d'une saveur
très-agréable, mais dont l'écorce renferme une
huile qui brûle vivement ceux qui ont l'im-
prudence de la casser dans leurs dents. Drogue médicinale peu usitée et sous ce rapport
ne devant être rangée que dans la troisième
classe des objets nécessaires (voyez bois d'a-
cajou).

ACÉTATE. *Dénomination donnée à des sels*

chimiques. (*Voyez* sel de saturne , sel de potasse et autres.)

ACHE , herbe medicinale.

C'est une espèce de persil sauvage très-connu en France.

ACIDES. Les acides sont considérés comme les principes de toute espèce de sel.

Ils sont eux-mêmes des sels que l'on extrait des minéraux et des végétaux par des moyens chimiques.

Aussi ont-ils une saveur aigre et piquante ; les principaux sont : l'acide sulphurique appelé aigre, esprit ou huile de vitriol, esprit de soufre, et acide vitriolique. (*Voy.* huile de vitriol et soufre). L'acide nitrique ou esprit de nitre. (*V.* esprit de nitre). L'acide muriatique ou esprit de sel marin (*Voy.* esprit de sel).

ACIER. L'acier n'est pas une matière première, proprement dite , c'est un fer perfectionné d'un grain fin et serré.

On obtient l'acier par l'épuration du fer ; nous avons en France quelques fabriques d'acier mais, elles n'ont pas encore atteint la perfection des fabriques d'angleterre.

L'acier se façonne en barres. On connaît encore l'acier fondu ; ce sont des morceaux de fer doux qu'on fait fondre dans un creuset avec le carbonate de chaux et de l'argile cuite et réduite en poudre.

Ces deux natures d'acier sont considérées comme matières premières, mais, doivent être rangées dans la classe de celles qui ont subi une première main-d'œuvre ; nous avons, au surplus, en France, des forges où l'on fabrique l'acier avec beaucoup de succès et qui méritent d'être encouragées ; c'est pourquoi l'acier étranger ne peut être considéré que comme secondaire.

Acorus vrai ou faux (plante médicinale exotique). Qui croît dans les Indes. Le vrai est une racine grosse comme le doigt, blanchâtre intérieurement, roussâtre en dessus, spongieuse, d'un goût approchant de l'ail et d'une odeur fort agréable. Le faux en diffère en ce qu'il laisse dans la bouche une grande acrimonie : il a d'ailleurs peu d'odeur.

On lui attribue une vertu stimulante et diurétique ; elle est peu usitée en médecine et doit être rangée dans la troisième classe.

Adiante. C'est le capillaire *plante médicinale* (*Voyez* capillaire).

Adipocire de baleine. C'est l'ambre gris (voir l'article).

Aétite ou pierre d'aigle (*Voyez* pierre d'aigle).

Aesustum ou cuivre brûlé (produit chimique). C'est du cuivre coupé en petites plaques et mis par lits dans un creuset, avec du soufre et un peu de sel marin ; ce résidu forme une matière qui s'emploie dans la médecine et surtout dans la chirurgie ; elle est gris de fer par dessus, et rougeâtre en dedans ; on s'en sert également dans la teinture pour l'impression des indiennes et pour colorer en vert les émaux et porcelaines.

Cette préparation pouvant se fabriquer en France, doit être rangée dans la classe des nécessités secondaires.

AGATHE, pierrre curieuse qui s'emploie en bijoux. Elle est indigène et exotique (objet de luxe).

AGARIC (produit indigène et exotique).

C'est une excroissance, de la nature des champignons, qui se forme sur le chêne et sur plusieurs autres arbres.

Il est de nécessité première en médecine ; sa vertu principale est d'arrêter le sang et en raison de ce, il est employé journellement par la chirurgie ; mais en raison de ce qu'il est indigène, on doit ranger dans la seconde classe l'agaric étranger.

AGARIC (eutrochique). C'est une composition d'agaric en poudre mêlé avec quelques liqueurs

dont ont fait des petits pains de différéntes figures et grosseurs.

Cette drogue médicinale a, dit-on , la vertu
de débarrasser de la pituite : cette matière pré-
préparé ne peut être considérée que comme secondaire et même inadmissible venant de l'é-
tranger (*comme médicament composé*).

AGNUS-CASTUS (*Plante indigène*). On ne
connaît dans le commerce que sa graine, qui
ressemble par sa figure au poivre , et a comme
lui un goût âcre et aromatique, drogue médicinale, dont les vertus sont astringentes et emménagogues. Elle est de nécessité secondaire.

AIGLE (Pierre d'). Ce sont des pierres ferru-
gineuses , au-dedans desquelles il y a une ca-
vité. Elles sont de toutes sortes de figures. On
ne leur connaît aucune propriété en médecine ;
ce qui doit ne les faire considérer que comme
objet de curiosité.

AIGRE. Nom donné à différens acides. (*Voyez*
acide vitriolique , acide sulfurique et autres).

AIGUE (Marine orientale). Pierre précieuse
qui vient des Indes et de Ceyland : *objet de
curiosité.*

AIL (plante indigène et exotique), d'un
usage habituel dans la cuisine.

AIMANT. C'est un minéral dont la propriété
est d'attirer le fer et de se diriger toujours vers
le pôle du Nord.

C'est à la direction de l'aimant vers le Nord qu'on doit l'invention de la boussole.

Les mines d'aimant sont en Sibérie, en Suède et dans l'île d'Elbe. Sous le rapport de son usage, ce minéral doit être regardé comme de première nécessité.

AIRAIN. Minéral composé du mélange de l'étain avec le cuivre : il nous vient de l'étranger, et est considéré comme matière première, quoique matière préparée. Il diffère du bronze, en ce qu'il contient beaucoup plus d'étain.

ALANA. Craie et tripoli de toutes sortes.

L'alana, le tripoli et la craie sont des pierres tendres. L'alana et le tripoli sont rougeâtres et la craie blanche.

Ce minéral (indigène et exotique), venant de l'étranger, ne doit être rangé que dans la classe des nécessités secondaires, attendu qu'il y en a en France.

ALBATRE (minéral indigène et exotique). Espèce de marbre blanc et luisant, facile à tailler, matière première, de première nécessité pour nos sculpteurs. Le bel albâtre vient d'Italie, celui de France est très-commun, et se trouve dans les carrières de plâtre.

ALCALIS. Sels fossiles et résidus de différentes opérations chimiques, qui se font chez nos pharmaciens.

ALCOHOL. On donne ce nom à l'esprit-de-vin pur, résultant de la distillation de l'eau-de-vie. Il en vient peu de l'étranger, et on doit l'exclure dans l'intérêt de notre agriculture.

ALGUES (indigène et exotique). Plantes qui croissent sous les eaux et dans les marais ; étant brûlées elles deviennent une soude ou alkali minéral utile aux arts et à l'agriculture.

ALKECANGES (Baies et feuilles d') (plante indigène et exotique). Les baies d'alkecanges sont de la grandeur, de la grosseur, de la couleur d'une cerise ; leur goût est d'abord acide, ensuite amer ; ses feuilles ressemblent à celles de la morelle, ses vertus sont rafraîchissantes et diurétiques (drogues médicinales, matière première, de nécessité secondaire).

ALKERME ou ÉCARLATE (indigène et exotique). Expression sous laquelle on désigne, dans le commerce, la coque d'un insecte appelé *Kermés*, laquelle contient une poussière propre à la teinture en rouge : avant la découverte de la cochenille, c'était la seule matière connue pour la teinture en écarlate : on continue de s'en servir. L'alkerme est encore utile en médecine, on en fait le sirop de kermès, dont la vertu est stomachique et astringente. Sous ce double rapport, on doit la considérer comme de première nécessité.

4

ALISARY. (*Voyez* Garance.)

ALLIAIRE (indigène et exotique). Plante qui croît le long des haies. Sa graine est oblongue et noire, et a l'odeur de l'ail. Ses vertus sont diurétiques et anti-scorbutiques.

Matière première de nécessité secondaire.

ALMANDINE. Pierre fine, objet de curiosité. Elle est d'un rouge foncé tirant sur le pourpre.

ALOÈS. Est une plante très-abondante dans les Deux-Indes. On extrait de ses feuilles un suc résineux; il y en a de plusieurs espèces. L'aloès succotorin, qui est le meilleur, est d'une couleur noire, jaunâtre en dehors, rougeâtre en dedans, transparent, friable, amer au goût; il devient jaune en le pulvérisant : on l'appelle par corruption *chicotin*.

Sa vertu est détersive, emménagogue et purgative. C'est son suc qu'on vend dans le commerce : quoique préparé, il est considéré comme matière première, mais d'une nécessité secondaire.

ALPISTE ou MILLET. Graine (indigène) qui sert à la nourriture des oiseaux.

ALQUIFOUX. Espèce de mine de plomb combiné avec le soufre minéral, difficile à fondre. Il est ordinairement employé par les potiers de terre pour vernir et colorer leurs ouvrages en vert mat. Matiere première, nécessité secondaire

ALUN (indigène et exotique), excepté celui ci-après. Il y en a de plusieurs espèces : l'alun de Rome , celui de Roche, connu aussi sous le nom d'*alun blanc* ou de *giace*; enfin celui de Liége et de Mézières Il s'emploie à la teinture , sel neutre résidu de l'argile et de l'acide vitriolique : matière première propre à la teinture.

ALUN BRULÉ ou CALCINÉ. Cet alun se pulvérise aisément et est caustique, astringent et corrosif; c'est l'alun liquéfié, qui, par l'effet du feu, augmente, se boursoufle et devient d'un blanc mat , matière première qui a reçu une préparation, et doit être rangée dans la troisième classe , attendu que cette préparation peut se faire en France.

ALUYNE , plante. (*Voy.* Absinthe.)

AMADOU. . . .

C'est l'agaric préparé qui sert à allumer le feu au moyen de l'étincelle que le briquet fait jaillir de la pierre. Il vient de Naples et d'Italie plus particulièrement ; pouvant être remplacé par d'autres préparations, il ne doit être considéré que comme secondaire.

AMANDES. C'est le fruit de l'amandier ; il nous vient en abondance de l'Italie et des pays méridionaux.

Cet arbre n'est cultivé avec succès en France que dans les départemens du midi.

4*

Ce fruit, utile en médecine, s'emploie également par les parfumeurs et les confiseurs, et se sert sur les tables comme dessert; comme nécessaire à la médecine, il doit être rangé dans la deuxième classe.

AMBRE GRIS et liquide (production étrangère). Substance légère, opaque, grasse, de couleur cendrée, parsemée de petites taches blanches odoriférantes; on la recueille aux environs des Moluques et sur les côtes de l'Asie et de l'Afrique. On croit que cette substance se forme dans les intestins du cachalot à grosse tête, espèce de baleine.

Elle est plus en usage dans la parfumerie que dans la médecine, et peut être rangée dans la troisième classe.

AMBRE JAUNE (production étrangère). C'est une substance bitumineuse, transparente, dure, tantôt jaune, tantôt blanchâtre ou rousse, d'une saveur un peu âcre; l'ambre jaune frotté attire les corps légers. On l'appelle *succinct karabé*; on en ramasse beaucoup sur le bord de la mer Baltique. Il est employé comme drogue, et l'on en fait aussi usage dans la bijouterie comme perle; son peu d'utilité doit le faire ranger dans la troisième classe.

AMBRETTE ou ABELMOSEHS (plante exotique). Cette graine, d'un gris cendré, a l'odeur du musc, la forme d'un rognon, et est de la grosseur d'un petit pois. Elle est employée dans la parfumerie, et doit ainsi être rangée dans la troisième classe.

AMÉTHYSTE, pierre fine qui se trouve plus communément, en Sybérie, en Allemagne, en Bohème et en Espagne.

On connaît aussi l'améthyste dite occidentale, ce n'est à proprement parler, qu'un cristal de roche coloré : elle vient de Carthagène.

AMIANTE, dit lin incombustible. C'est une substance pierreuse disposée en filets soyeux et cotonneux. On fabrique avec l'amiante, des toiles incombustibles, mais ce n'est qu'un objet de curiosité. L'amiante vient de l'île de Nègrepont et de Smirne.

AMIDON (indigène et exotique), fécule de froment dont on forme des pains qu'on fait durcir au four ou au soleil ; elle est dans le commerce en petits morceaux, matière préparée, résidu de la fécule du bled ; elle est de nécessité secondaire.

AMMONIAC (sel) (exotique et indigène). Ce sel est blanc, assez semblable pour le goût au sel commun ; on y remarque des petites aiguilles cristallisées semblables à celles du salpêtre rafiné, il vient communément en forme de pain rond et plat de trois ou quatre doigts d'épaisseur, concaves sur l'une des faces et convexes sur l'autre, ces pains ont en général une couleur noirâtre (préparation chimique, nécessité secondaire).

AMMOMUM, rassemosum ou verum. Espèce de fruit en grappes qui vient des grandes Indes; ses grains ressemblent un peu à ceux du raisin mais ils sont triangulaires ; membraneux, d'une odeur âcre de lavande.

Ses propriétés sont stomachiques, stimulantes et diaphorétiques; on en fait usage en médecine, mais son utilité n'est que de troisième classe.

AMURCA ou marc d'olive. Matière préparée, résidu du marc des olives propre à nos fabriques.

AMMY. Cette graine exotique, presque ronde, menue et oblongue, ressemble à des grains de sable, ses vertus sont stomachiques, elle est un peu cultivée en France.

ANACARDE, espèce de fève. C'est le fruit d'un arbre qui croît dans les deux Indes, il a les propriétés de la noix d'acajou et doit ainsi être rangée dans la troisième classe.

ANATRUM ou natrum. C'est un sel naturel qui se forme en Egypte, à fleur de terre. Il a toutes les qualités de la soude et s'emploie dans le midi pour les verreries et les fabrications de savon; sa couleur est d'un gris clair, il est ma-

tière première pour ces manufactures et cependant pouvant être remplacé par la soude il n'est
considéré que comme secondaire.

ANGÉLIQUE (graine racine et côte d').
Plante (indigène et exotique). La graine d'angélique est oblongue, cannelée et ailée, ses racines
et ses côtes ont une odeur suave et aromatique ,
ses vertus sont cordiales et stomachiques , les
confiseurs emploient la plante.

La culture en est très-abondante en France et
doit être encouragée : l'angélique venant de
l'étranger doit être une nécessité secondaire.

ANGUSTURA (plante exotique), qui croît
en Abyssinie. C'est une espèce d'écorce d'arbre
roulée , à laquelle on attribue des vertus diurétiques , elle est connue en médecine sous le
nom de quina-citrin et elle est employée avec
succès dans les fièvres intermittentes.

ANIS VERT (graine ou semence d'). Elle est
cannelée, d'une odeur et d'une saveur douce, mêlée d'une acrimonie agréable , ses vertus sont
pectorales. Les confiseurs en font un emploi
fréquent , on en fait également usage en médecine. On la cultive avec succès , en France, de
sorte qu'on a moins besoin d'en tirer de l'é-
tranger , et il est utile d'en favoriser la culture
par l'établissement d'un droit sur celui importé
de l'étranger.

ANIS étoilé, ou badiane, ou anis de la Chine.

Il a la forme d'une étoile composée de six, de sept et de neuf capsules triangulaires réunies à un centre commun en forme de rayons ; drogue médicinale d'un usage assez fréquent pour être considérée comme nécessité secondaire.

ANTALE, ou antalium, coquillage.

On l'appelle aussi tuyau de mer, parce qu'il à la forme d'un tuyau en croîssant ; étant réduit en poudre il est employé en médecine comme absorbant, mais sous le rapport de son utilité il doit être rangé dans la troisième classe.

ANTIMOINE, crud, minéral indigène, employé à des préparations médicinales; on en trouve beaucoup en France, de sorte que celui venant de l'étranger doit être considéré de nécessité secondaire.

ANTIMOINE préparé. L'antimoine crud n'est pas comme sa dénomination semble l'indiquer tel qu'il sort de la mine ; il a été fondu et réduit en aiguilles plus ou moins grosses, après avoir été séparé de sa gangue.

Le préparé est celui qui outre cette fusion a reçu de l'art une épuration et une préparation à raison de laquelle il prend des noms très-différens : tels que régule d'antimoine, verres,

fleurs , beurre , saffran , huile , chaux , rubiné
d'antimoine etc. Il est toujours matière première,
de première nécessité mais on doit exclure celui qui viendrait de l'étranger.

ANTOLPHE de gérofle ; ce sont des clous de
gérofle devenus gros comme le pouce , dans
lesquels on trouve une gomme dure et noire ,
d'une odeur agréable et d'un goût très-aroma-
tique. Il est employé comme épice et n'offre
d'utilité qu'en raison de l'habitude qu'on a con-
tractée de s'en servir, pour donner du goût aux
préparations de la cuisine, on ne peut considérer
les drogues de cette espèce que comme objets
de goût et de fantaisie. (*Voyez* clous de
gérofle.)

ANTORE ou antora (racine d'). Cette plante
indigène qui ressemble à l'aconit, est un contre-
poison. Ses vertus sont diurétiques et astringentes, objet de nécessité secondaire.

APOCIN (graines d'). Ces graines sont amères
et s'emploient dans la médecine mais peu fréquemment, on file la tige et on en fait une
toile. La culture de l'apocin a été essayée avec
succès en France , troisième classe.

APPIOS ou fausse angélique. Plante dont les
tiges sont menues et rougeâtres , et dont la
graine est fort petite.

C'est la racine de l'euphorbe qui croît dans

l'île de Candie, ses vertus sont émétiques et purgatives, mais la médecine en fait peu usage : troisième classe de drogueries , nécessité secondaire.

ARACHIDE (dit pistaches ou noix de terre). Plante originaire d'Asie qui produit un légume de forme cylindrique renfermant deux ou trois graines de la grosseur d'une noisette. Matière première propre à faire de l'huile. Elle est cultivée avec succès dans le Midi, et ne peut être rangée que dans la troisième classe des drogueries.

ARBRES EN PLANTS , de toute espèce et de toute grandeur, sous quelque rapport qu'on les considère, doivent être admis en exemption.

ARCANSON ou BRAY-SEC. Espèce de poix résine sèche, transparente et foncée en couleur. (Drogue exotique et indigène); nécessité secondaire. (Voir Bray-Sec.)

ARCOL ou POTIN GRIS. C'est un composé des lavures et des scories qui sortent de la fabrique du laiton ; matière première composée, nécessité secondaire.

ARDOISES, EN TABLES. Ces deux espèces d'ardoises sont faciles à distinguer; les premières sont de différentes grandeurs, et ont tout au plus un pied sur neuf pouces; les ardoises en tables, outre qu'elles sont plus grandes , sont

.aussi plus épaisses : matière première indigène.

ARDOISES ordinaires pour couvrir les cou-
vertures de maisons : matière première terreuse indigène.

ARÉCA ou ARÉGUES. C'est le fruit d'un palmier nommé *aréquier*, qui croît aux Iles : il
est de la grosseur d'une noix, et a un noyau de
la grosseur d'une muscade, qui a comme elle
des veines blanches en dedans. Ses vertus sont
astringentes, mais son peu d'utilité le doit faire
ranger dans la troisième classe des drogueries.

ARGENTINE (plante indigène et exotique).
Ses graines sont arrondies et jaunâtres, la plante
est employée en médecine comme astringente
et vulnéraire : nécessité secondaire.

ARGENT (minéral exotique). C'est le métal
avec lequel on fabrique la monnaie dans tous
les états.

La France possède bien quelques mines qui
produisent de l'argent, mais dont le produit
est peu considérable. C'est en Amérique que
se trouvent les mines les plus abondantes : ce
métal est de première et d'absolue nécessité.

ARGENT-VIF (*V. mercure*).

ARGILE ou TERRE GLAISE (indigène et exotique). L'argile et la terre sont des substances
distinctes : elles ont cependant tant de rapports,
qu'on a cru devoir en faire un seul article; il y
a des argiles de différentes couleurs ; ces subs-

tances sont très-connues, et sont les matières premières des poteries et fayenceries.

ARISTOLOCHES. Il y a quatre plantes de ce nom qui sont d'usage dans la médecine, savoir : l'aristoloche ronde ; elle est solide, arrondie, grosse de trois pouces et garnie de quelques fibres. L'aristoloche longue est peu différente de la première ; on emploie rarement les deux autres.

La vertu de ces plantes est emménagogue., diurétique et astringente; la médecine en fait un usage assez fréquent pour les ranger dans la deuxième classe.

ARSENIC. Il y en a de noir et d'un gris noirâtre, d'un tissu grainé et feuilleté, peu compacte, mais fort pesant, brillant dans l'endroit de sa facture; on l'appelle aussi *arsenic testacé.*

L'arsenic blanc est une espèce de chaux métallique. Ces arsenics sont extrêmement caustiques et corrosifs. C'est un poison violent (indigène et exotique) : matière première préparée, nécessité secondaire.

ASOLESPIAS, ou contra yerva blanc. Plante exotique du genre de l'apocin. C'est la racine de cette plante qu'on emploie ; elle est fort déliée et blanchâtre ; son goût est un peu piquant et aromatique ; ses vertus sont astringentes : nécessité secondaire.

ASPALATUM (Bois d'). C'est un bois de l'espèce de l'aloès, mais qui a moins de vertus médicinales, et, sous le rapport de son utilité, ne peut être rangé que dans la troisième classe.

ASPHALATUM ou bitume de Judée. Il est d'un noir luisant, et ressemble si fort à la poix, que la puanteur de celle-ci et la dureté de l'asphalatum en font seules la différence.

Nous avons en France des mines d'asphalatum en grande activité.

On emploie beaucoup d'ouvriers pour extraire la sphalte de nos mines, et ce bitume pourrait suppléer à l'asphalatum, et par ce motif, on croit devoir le ranger dans la troisième classe.

ASPIC (Plante). C'est une espèce de lavande qui croît en France ; ses vertus sont vulnéraires. Cette espèce de lavande est celle avec laquelle on compose l'huile d'aspic.

ASPIC. Serpent de France sans venin.

ASPINI ou épines anglières (Plante indigène). C'est une drogue qui s'emploie dans la médecine.

ASSA FOETIDA ou stercus diaboli. C'est une gomme qui devient successivement jaune, rouge et violette ; elle est d'une puanteur insupportable. Ses vertus sont emménagogues, résolutives et antispasmodiques ; on en fait un usage habituel dans la médecine, et par ce motif on doit la considérer comme d'une nécessité secondaire.

ASTÉRIC. Pierre rare et curieuse : matière première de luxe.

ASTROITE. Pierre fine.

AUNE (écorce d'). Elle sert à la teinture noire et à la tannerie, mais l'abondance de la culture de l'aune en France doit faire ranger dans la troisième classe l'écorce d'aune venant de l'étranger.

AUNÉE ou enula campana. C'est une plante (indigène et exotique). Sa racine est charnue en dehors, blanche en dedans, d'une saveur âcre un peu amère, d'une odeur agréable quand elle est sèche. Ses vertus sont stomachiques, toniques et expectorantes : nécessité secondaire.

AURONE. C'est une espèce d'absinthe qui croît en France; elle est originaire de l'Europe méridionale, ses feuilles ont une odeur de citron, sa saveur est aromatique, chaude et un peu amère; ses vertus sont stomachiques.

AUTOUR (Arbuste qui croît aux Iles). Espèce d'écorce assez semblable à la canelle, plus pâle par-dessus, et en dedans de la couleur d'une noix muscade, mais parsemée de petits brillans. Elle est légère, spongieuse, d'un goût presque insipide et sans odeur : (objet de goût).

AUTRUCHE (Poil, ploc et duvet d'). Il y en a de deux sortes ; le fin sert à faire des chapeaux de l'espèce la plus grossière ; le gros se file et sert à faire les lisières des draps noirs les plus fins : matière première et de première nécessité pour les fabriques.

AVANTURINE. Pierre fine étrangère : objet de luxe.

AVELANÈDE ou Valanède. C'est la case du gland, cette petite coupe qui le contient ; elle sert à la teinture et aux tanneries : matière première pour les fabriques.

AVOINE (Gruau ou farine d'). C'est de l'avoine séchée au four mise en grosse farine grainée.

AZARUM. Plante dont les feuilles ressemblent à une oreille ; c'est la racine qui s'emploie dans la droguerie ; elle est grise dedans et dehors, d'une odeur pénétrante et d'un goût un peu amer ; on la nomme aussi *cabaret* et *nordsauvage* ; ses vertus sont émétiques et purgatives : nécessité secondaire.

AZUR en pierre, ou smalt. C'est une vitrification en émail, de la couleur du lapis. lazuli, matière préparée : nécessité seconde.

AZUR en poudre ou émail. On l'appelle

aussi *cendre d'azur*. C'est le smalt pulvérisé. Comme azur en pierre, il vient d'Allemagne. (*Voy*. Lapis lazuli.)

B

BADIANE (plante exotique). La badiane est une espèce de thé qui croît à la Chine. Ses vertus sont stomachiques ; son usage en médecine ne peut la ranger que dans la troisième classe.

BAIES de laurier (plante indigène et exotique). C'est le fruit du laurier franc dont on fait usage en médecine, et que l'on connaît dans le commerce. Ces baies ont l'écorce d'un brun noirâtre ; elles sont plus grosses qu'un noyau de cerise. Elles ont une odeur aromatique et une saveur amère.

Leur vertu en médecine est stomachique et résolutive. Les feuilles de laurier s'emploient dans la cuisine ; leur utilité n'est que secondaire.

Baies d'alkécange, de carpobalsamum, de viorne, de bourdaine, de genièvre, de myrthile, de nerprun. (*Voy*. ces mots.)

BALAIS (de bouleau et autres, communs). C'est le produit de différens arbres et arbustes, indigènes et exotiques.

BALAUSTES (ou fleurs du grenadier). Plante exotique qui vient du Levant. Il en croît aussi sur le continent méridional.

C'est une drogue médicinale peu recherchée, et qui pouvant être suppléée, ne doit être rangée que dans la troisième classe.

BALEINE. Poisson de mer le plus gros de tous ; on n'en voit que très-rarement sur les côtes de France. La pêche de ce poisson est l'objet de grandes spéculations de la part de nos marins, eu égard aux produits qu'on en retire.

Indépendamment de l'huile qui s'extrait de la chair de la baleine, et qui est déjà l'objet d'un grand commerce, on met encore à profit les barbes de cet animal qui forment les nageoires, et qu'on nomme *fanons*.

On distingue dans le commerce les fanons ou barbes sous les noms de *baleine de fanons ;* ce sont les barbes qui n'ont reçu aucune préparation, et baleine coupée ou apprêtée, ce sont ces barbes ou fanons qui ont reçu une préparation.

Les barbes des baleines ont une grande souplesse et une grande élasticité. On les emploie à fabriquer des montures de parapluie, des baguettes de fusil de chasse, des manches de rasoirs et autres, et à garnir les corps des femmes.

L'encouragement dû à la marine française

5

doit déterminer le gouvernement à traiter la baleine dans la tarification du droit comme objet d'une nécessité secondaire.

BAMBOUS (plante exotique). C'est un roseau qui croît dans l'Inde, son bois est extrêmement noueux ; ceux qu'on apporte en France sont destinés à faire des cannes : matière première de fantaisie et de luxe.

BANANES. C'est le fruit du bananier ; arbre qui croît aux Indes sans bois ni branches. Son fruit est assez agréable à manger. On ne lui connaît aucune propriété en médecine.

BANGUE (plante exotique). C'est une espèce de chanvre qui croît aux Indes.

On ne lui connaît aucune propriété particulière, et elle doit être rangée dans la classe des objets de fantaisie.

BARBOTINE (plante exotique) qui vient de Tartarie et de Perse. Graine verdâtre, d'une odeur agréable, quelquefois appelée *sementine* ou *sentoline*. Ses vertus vermifuges en font faire un fréquent usage en médecine, et la font considérer comme étant de nécessité secondaire.

BARDANE (Racine de). (plante indigène et exotique). Elle est blanche en dedans et noirâtre en dehors, d'une saveur douçâtre , terreuse et un peu austère ; on l'appelle aussi *glouteron* ou *herbe aux teigneux*. Drogue médi-

cinale à laquelle on attribue des vertus vulnéraires et diurétiques. Elle est considérée comme
d'une nécessité secondaire.

BARILLE. C'est une cendre qui sert comme la
soude. La plante qui la compose croît en Espagne.

BARRAS, résine connue sous le nom de *gali-*
pot ou *résine du pin.* (Voir ces articles.)

BATTIN (plante indigène et exotique). Jonc
qui s'emploie à différens usages, dont on fait des
paniers, et qui sert à la nourriture des bestiaux :
on le confond avec le jonc d'Espagne, auquel il
ressemble beaucoup. Il est considéré comme
matière première. (De 3e. classe.)

BAUME de copahu, copaiba. Résine qui nous
vient de l'Amérique. Il y en a de deux espèces:
l'une est un suc résineux d'un blanc jaunâtre,
d'un goût très-amer et d'une odeur aromatique;
l'autre a la consistance du miel, son odeur approche de la théréhenthine; il est chargé d'un
peu de liqueur trouble. Ses vertus sont diurétiques et astringentes; la médecine en fait un
fréquent usage, et les considère comme de première nécessité.

Baume du Canada. Résine plus ou moins liquide, très-limpide, presque sans couleur et
sans odeur, mais d'un goût de térébenthine très-
agréable. Il a la même vertu que le baume de

5 *
1

copahu, et est employé aussi fréquemment dans la médecine : matière première, nécessité secondaire.

Baume du Pérou, noir, liquide, de Tolu ou de la Mecque (plante exotique, production coloniale). On distingue quatre espèces de baume du Pérou; le blanc, qui est liquide, le roux ou rouge, qui est sec, et le brun ou noir liquide; il est ordinairement dans le commerce, dans des coques, de la grosseur du poing : ce qui lui a fait donner le nom de *baume de coques*. Il est en général d'une demi-transparence.

Le baume de Tolu, production coloniale, s'appelle aussi baume de l'Amérique, baume de Carthagène, baume dur, baume sec. C'est un suc résineux, tenace, d'une consistance qui tient le milieu entre le baume liquide et le sec, tirant sur la couleur d'or, d'une odeur qui approche de celle du benjoin, d'un goût doux et agréable; ce qui le fait différer essentiellement des autres baumes qui ont une saveur âcre et amère.

Baume de la Mecque, production coloniale. (Il n'en existe qu'une espèce dans le commerce. Il s'appelle aussi *baume blanc*). Il est liquide, son odeur est forte et pénétrante; son goût est astringent et piquant. Sa véritable couleur est jaune doré; mais comme il est rarement pur,

il paraît en général brunâtre dans le commerce.
Drogue d'un usage fréquent en pharmacie , et ,
sous ce rapport , considéré comme étant de première nécessité dans la médecine.

Baume de Riga (produit exotique). C'est une
eau-de-vie distillée sur des plantes vulnéraires ;
pouvant être remplacé par des préparations de
plantes indigènes , il doit être rangé dans la
troisième classe.

Bédélium ou Bedelium (production coloniale). C'est une gomme nommée aussi *alouchi*
ou *bendeleon*. Elle est claire , transparente , d'un
gris rougeâtre au-dessus, de couleur de colle
d'Angleterre en dedans ; et lorsque l'on passe la
langue dessus, elle doit devenir jaune. C'est un
détersif et résolutif très-usité en pharmacie , et
considéré comme nécessité secondaire.

Ben (noix de), production coloniale. C'est
un fruit gros comme un aveline ; on en tire une
huile dont les parfumeurs font un fréquent
usage. Il doit être considéré comme objet de
fantaisie ou de luxe, mais cependant rangé dans
la deuxième classe, en raison de la main-d'œuvre
qu'exige sa préparation.

Benjoin (de toutes sortes), production coloniale. Résine extraite d'un arbre qui croît dans
l'île de Sumatra. Il y en a de plusieurs espèces,
mais on n'en connaît que deux dans le com-

merce. Le benjoin en larmes, qui est en masses, clair, transparent, de couleur rougeâtre et mêlé de larmes blanches, semblables à des amandes ; l'autre, le benjoin en sorte : il est net, de bonne odeur, fort résineux, chargé de beaucoup de larmes blanches.

Cette drogue entre dans les préparations de pharmacie et de parfumerie : eu égard à ses vertus odoriférantes et incisives, on le considère comme d'une nécessité secondaire.

BERGAMOTTE. (*Voy*. Orange.)

BETEL (Feuilles de). Plante des Indes qui s'entortille autour des arbres comme le lierre. Ses feuilles ressemblent à celles du citronier, et ont un petit goût d'amertume : leur vertu est fortifiante ; son usage est peu fréquent, et son utilité n'est que de troisième classe.

BEURRE frais et salé (indigène et exotique). Quoique étant le résidu d'une préparation du lait, il est considéré comme matière de première nécessité, eu égard à l'usage qu'on en fait journellement pour la préparation de nos alimens.

Beurre de Saturne. Onguent liquide composé de vinaigre de plomb et d'huile rosat.

Drogue composée, dont on doit maintenir la préparation en France, à l'exclusion de celle étrangère, attendu le danger résultant de l'admission de drogues médicinales préparées,

Beurre de nitre ou de salpêtre. Drogue extraite du salpêtre par le moyen du tartre; préparation chimique qui doit être rangée dans la
classe des préparations médicinales.

Beurre de cacao. (*Voy*. Huile de cacao.)

Beurre de pierre. (*Voy*. Kamine blanche.)

BEZOARD ou pierre de fiel. C'est une pierre
qui se trouve dans le corps de certains animaux.
Il y en a de formes très-différentes : la plus commune est celle d'un œuf ; ils sont en général
verdâtres et tachetés de couleurs variées. On a
long-temps accordé à cette concrétion une vertu
médicale ; mais elle n'est plus d'usage , et n'est
regardée que comme objet de curiosité.

BIGARADE (Plante exotique). C'est le fruit
d'une espèce d'oranger ; sa forme est comme
celle de l'orange , et n'en diffère que par son
goût amer : objet de goût.

BISCUIT de mer. C'est un pain dont on appro-
visionne les vaisseaux pour la nourriture des
marins. Il prend son nom de ce qu'il est recuit
deux ou trois fois. On doit le considérer , vu
son utilité , comme objet de première nécessité.
C'est par ce motif qu'il a été compris dans cette
table.

BISMUTH ou étain de glace. C'est un demi-
métal très-fusible , à peu près de la couleur de
l'étain. Cette substance , formée de feuillets ,

est fort pesante et très-cassante : matière première pour les manufactures de fayence.

BISNAGUE ou VISNAGUE. Plante exotique qui
croît dans l'Europe méridionale : on ne lui
connaît aucune propriété particulière , et par ce
motif il doit être rangé dans la troisième classe.

BISTORE , plante indigène et exotique. Sa
racine est brune en dehors et rougeâtre en
dedans; ses vertus sont vulnéraires et attrin-
gentes , nécessité secondaire en médecine.

BISTRE (indigène exotiqne). Suie de bois
détrempée avec de l'eau gommée à l'usage des
peintres ; on le débite ordinairement en pains
ronds ; matière première factice , elle se fait
en France comme à l'étranger et par ce motif
doit être regardée comme nécessité de troisième
classe.

BITUMES. Il y en a de beaucoup d'espèces ;
ils diffèrent des résines en ce qu'ils sont bien plus
solides, et qu'ils sont indissolubles dans l'esprit
de vin. On en distingue cinq sortes , savoir : le
succint, la sphalte , le jayet, le charbon de
terre et le petrol , voir la désignation qui en
est donnée à chacun de ces mots.

BLANC à l'usage des femmes. Il y en a sous la
forme de liqueur et de pommades , mais tous
ne sont autre chose que des préparations de

plomb et de bismuth de talque et autres matières préparées et de luxe.

BLANC de plomb ou céruse. C'est le résidu de lames de plomb exposées à la vapeur du vinaigre et qui se couvre d'une rouille blanche qu'on sépare en suite du métal et qu'on broye à l'eau pour les former en petits pains. C'est ce que l'on nomme la *céruse* ou blanc de plomb.

Dans cet état il devient matière première pour la peinture.

C'est l'Allemagne qui nous fournit le plus abondamment cette couleur; on doit désirer que la fabrication s'en établisse en France et par ce motif ne la considérer que comme nécessité secondaire.

BLANC de baleine. C'est une substance blanche qui se trouve près du crâne et se prolonge dans un vaisseau le long de l'échine du cachalot: on la fait fondre et on en fait usage dans les maladies de poitrine. On l'emploie également pour faire des bougies; il est considéré comme objet de nécessité secondaire.

BLANC d'Espagne. (*V*. craie).

BLÉ (indigène exotique). C'est le grain qui sert à faire le pain, et sous ce rapport il doit être considéré comme de première et absolue nécessité.

BLEND. Substance minérale vraie mine du zing. (*V*. zing).

Bleu de Prusse, ou prussiate de potasse.
Couleur à l'usage des peintres, elle a été découverte par un chimiste prussien; on la prépare en précipitant une dissolution de couperose par un alcali saturé d'acide prussique, mêlé avec du sang de bœuf et de la potasse. On la prépare aussi bien en France qu'en Prusse, et par ce motif elle n'est considérée que comme nécessité secondaire.

Bleu de cobalt. (V. azur).

Bleu minéral. C'est une couleur qui sert comme le bleu de Prusse, aux teinturiers et aux peintres; n'étant également que le résidu d'une préparation chimique, il doit être rangé dans la même classe.

Bœufs. C'est un bétail dont l'utilité et l'usage sont de première nécessité.

Bois.

C'est une production d'une nécessité généralement reconnue ; quoique la France en produise beaucoup et de beaucoup d'espèces, l'on en tire cependant de l'étranger : les uns arrivent bruts et sont mis en œuvre par nos ouvriers, les autres arrivent ayant reçu une première main d'œuvre, mais sont également considérés comme matière première parce qu'ils ont besoin d'une nouvelle préparation.

On va donner l'analyse de tous les bois connus dans le commerce : 1re. espèce, bois de charpente et menuiserie; 2e. espèce, bois à brûler; 3e. espèce, bois de teinture; 4e. espèce, bois médicinaux; 5e. espèce; bois d'ébénisterie et de marqueterie.

Bois (de construction navale et civile). Ce sont les bois de chêne, de frêne, d'orme, de pin, de sapin, apportés soit en pièces carrées, soit en madriers, soit en planches et ainsi disposés pour être employés en constructions par nos charpentiers et menuisiers. Tous ces bois sont de première nécessité , nonobstant la première main d'œuvre qu'ont reçue ceux qui viennent de l'étranger , parce que nos forêts ne fournissent pas à tous nos besoins.

Bois (à brûler). Ce sont les mêmes qualités de bois que celles pour constructions navales et civiles, ils sont réduits en bûches ou en charbons. Il en vient peu de l'étranger si ce n'est sur les frontières des départemens du nord de la France, où les forêts sont plus rares; mais ce qui vient en charbons ne doit être considéré que comme secondaire ; parce que l'on doit favoriser cette main d'œuvre en France et que d'autre part nos charbons de terre peuvent suppléer aux charbon de bois.

Bois (de marqueterie , tabletterie et d'ébénisterie).

On en connaît de beaucoup d'espèces , les principaux sont ceux d'acajou , de buis de Cayenne , dit bois satiné d'ébène fustique ou bois jaune de Palissandre, de Rhodes , de Sainte-Lucie , de Sainte-Marthe , de Santal rouge et citrin, de Brésil, de Surinam.

Tous ces bois originaires des colonies à l'exception du bois de buis (qui est indigène et exotique) sont importés en madriers , en planches et en solives.

Bois (de menuiserie , tonnellerie et boissellerie.)

Une partie des bois destinés à l'ébénisterie est aussi mise en œuvre dans la menuiserie; mais ceux qui lui sont particulièrement destinés sont : les bois de chêne , de sapin , de hêtre , et autres qui sont tous ou indigènes ou parviennent des forêts situées dans les pays étrangers, frontières de la France. Tous ces bois sont importés ou en planches ou ayant reçu une première préparation et par ce motif ils ne sont que de nécessité secondaire.

Dans ce nombre , indépendamment du bois scié en planches on connaît le bois dit d'éclisse; ce sont des bois de chêne , de hêtre , de frêne, débités en petites planches pour faire des seaux ou pliés en cercles pour faire des tamis , des tambours et autres ouvrages de boissellerie ;

d'autres dit feuillards sont généralement des bois
de chêne et refendus en lattes pour servir aux
bâtimens de charpente ; d'autres dits merrains
sont des bois de chêne ou de chataignier fendus en petites planches minces qui servent , soit
à la menuiserie , soit à la tonnellerie ; enfin ,
d'autres sont importés en cercles ; ce sont en
général des bois de chataigner très-jeunes et
refendus en deux.

Bois à l'usage de la médecine et de la parfumerie et rangés par ce motif dans la classe
des drogueries.

De ce nombre sont : 1°. bois d'aloès ou aspalatum , il y en a de plusieurs espèces : le
plus recherché est résineux et cède sous la dent
comme la cire , il a une saveur un peu amère et
aromatique ; le plus commun est pesant , d'un
rouge brun , parsemé de lignes résineuses et
noirâtres ; une troisième espèce est légère , résineuse , d'une odeur agréable , d'un brun verdâtre et d'une saveur amère. Ces bois sont
d'un usage journalier et considérés de première
nécessité pour la médecine.

Bois de baume ou kilo balzamum. C'est l'ex-
trémité des petites branches de l'arbre appelé
baume de Judée ; cette drogue est employée
dans la médecine comme secondaire.

Bois de crable ou de gérofle. C'est une écorce

roulée comme la canelle , mais un peu plus grosse, grisâtre extérieurement, brune, noirâtre et comme rouillée en dedans , d'une légère odeur de gérofle , considéré comme épicerie ce bois n'est qu'un objet de goût et de fantaisie.

Bois néphrétique. Il est jaune pâle , pesant, d'un goût âcre un peu amer ; son écorce est noirâtre et le cœur du bois est d'un rouge brun. Il est considéré en médecine , comme nécessité secondaire.

Bois de Rhodes , à l'usage des parfumeurs.

Il a peu d'odeur et est souvent confondu avec le bois de rose.

Les parfumeurs en extraient par distillation une huile volatille dont ils font un grand usage.

On en fait aussi usage en marqueterie et tabletterie.

Bois de sasafra.

C'est une espèce de laurier dont le bois est léger, d'une couleur rougeâtre; l'écorce en est épaisse et raboteuse, son odeur est aromatique, ses vertus sont sudorifiques et diurétiques.

Bois de Surinam.

C'est un arbrisseau qui croît dans la Guyanne, son bois est blanchâtre et son écorce mince est fragile, ses vertus sont stomachiques et anti-putrides, on en fait un fréquent usage en médecine mais on ne le considère cependant que comme nécessité secondaire.

Bois de teinture.

Les principaux, sont : 1°. celui dit de Brésil, qui fournit un bois rouge ; 2°. celui de Fernambourg, dont le rouge est plus foncé ; 3°. de Brésillet, moins rouge que les deux premiers ; 4°. celui dit de Campêche, qui fournit un rouge plus foncé dont on fait usage pour teindre en violet et en noir. La médecine fait également usage du bois de Campêche, auquel on a reconnu les mêmes vertus qu'au bois de sasafra ; 5°. celui dit de Fustelle, qui fournit une couleur d'un beau jaune ; 6°. celui dit de Gayac, c'est un arbre d'une grande hauteur qui donne une couleur rouge. Ce bois est également employé par la médecine comme sudorifique et stomachique ; 7°. le bois jaune dont il existe plusieurs espèces dont le résidu est le même, celui de produire une teinture jaune ; 8°. le bois de Sental, rouge, dont la couleur est moins foncée que celle du bois de Fernambourg.

Tous ces bois qui viennent des Colonies sont importés en bûches, en branches ou en éclisses, on en importe aussi en écorce et hachés ; ceux de cette nature doivent être rangés dans la troisième classe, attendu qu'en cet état ils peuvent être mis de suite en usage et privent ainsi nos ouvriers d'une main d'œuvre. On doit observer, au surplus, que ces bois vu leurs différentes couleurs sont également employés dans la marqueterie et l'ébénisterie.

BOL d'Armenie (exotique).

C'est une terre d'un rouge brun qui tient de la nature de la pierre ; elle est molle, friable, et facile à se pulvériser.

Ses vertus sont astringentes et dessicatives, on en fait peu d'usage en médecine, c'est pourquoi il ne peut être rangé que dans la seconde classe.

BOLETUS ou bolet. Champignon à chapeau, qui croît en France et auquel on ne reconnaît aucune vertu.

BORAX brut et gras (production coloniale.)

C'est un sel minéral de la figure du sel gemme, blanc comme lui, qui prend à l'air une espèce de graisse rougeâtre, il y en a cependant de gris, qui ressemble à la couperose d'Angleterre. C'est une matière première pour les verreries.

Borax rafiné : c'est le même qui a reçu la préparation du raffinage ; le procédé de cette opération est connu en Europe, cependant il n'est pas encore pratiqué en France ; il ne doit être rangé que dans la seconde classe.

BOULES DE TERRE (exotiques). Ce sont des bols argileux à l'usage des raffineries. On détrempe ces boules et on en fait une pâte pour couvrir les formes dans lesquelles on verse le sirop de canne.

On la remplace par des terres indigènes ; c'est pourquoi ce bol ne peut être regardé que comme matière secondaire.

BOURDAINE. C'est un arbuste appelé aussi aune noir : il est peu cultivé en France.

Son écorce est noire en dehors et d'un jaune safrané en dedans : son bois est blanc et tendre.

Les vertus de l'écorce sont apéritives, purgatives et détersives.

Le bois est utilement employé, réduit en charbon, pour faire la poudre à canon. Il ne peut être considéré que de nécessité secondaire.

BOURGEONS DE SAPIN (indigènes et exotiques). Il en vient beaucoup de Russie.

Ce sont les sommités des branches du sapin ; on en fait usage en médecine : ces bourgeons ne sont que d'une utilité secondaire.

BOURRE de laine. C'est la laine qui sort des draps, dans l'opération de la tonte. Matière première, nécessité secondaire.

Bourres ou ploc (indigène et exotique). On appelle ainsi le poil de divers animaux, comme

6

bœufs, vaches, buffles, chevaux, cerfs, cha-
maux, chèvres, moutons, brebis, etc.

Cette bourre sert à garnir les selles, bâts,
chaises, fauteuils, matelas, etc., et est considérée comme matière première. Cependant
celle qui vient des pays étrangers ne peut être
classée que comme matière secondaire.

Il en est de différentes espèces, savoir :

Bourre (dite rouge et autres à faire lits.)

C'est la partie grossière des laines de différentes couleurs.

Bourre (nolisse ou nalisse.)

C'est la laine qu'on tire au-dessus des étoffes
de drap lorsqu'on les échardonne.

Bourre (de chèvres, de vaches, bœufs et
autres animaux, excepté les moutons.)

C'est une bourre plus commune que les deux
autres espèces.

Boutargue.

C'est une préparation d'œufs de poissons, salés
et séchés au soleil.

Comestible peu usité en France et purement
de fantaisie.

Braye sec (indigène et exotique). C'est la
résine qu'on extrait de plusieurs espèces de pins,
et qui se durcit à la cuisson. On l'appelle aussi
arcanson.

Objet de première nécessité, comme matière
première.

BRAYE GRAS. C'est un mélange de goudron et du suif avec le braye sec.

Considéré comme matière première, attendu son emploi pour le calfatage des vaisseaux ; il ne doit être rangé que dans la deuxième classe parce qu'on peut le préparer en France.

BREBIS, bêtes à laine (*V. moutons*).

BRÉSILLET, espèce de bois du Brésil, d'une qualité inférieure.

BRIQUE, tuiles ou carreaux de terre.

C'est une espèce de terre grasse pétrie et cuite au four.

Ces objets étant employés dans la construction des bâtimens civils, sont considérés comme matière première quoiqu'ayant reçu une main-d'œuvre, mais ceux venant de l'étranger ne doivent être rangés que dans la troisième classe.

BRONZE OU AIRAIN.

C'est le nom que l'on donne au métal de cuivre mêlé avec une plus ou moins grande quantité d'étain.

Il est importé en lingots.

Son utilité pour la fabrication des canons et des ouvrages d'art, le fait considérer comme matière première, mais cependant de deuxième classe, attendu que c'est un métal composé qui conséquemment a reçu une première main-

6*

d'œuvre, et que d'ailleurs l'on doit encourager l'exploitation de nos mines.

BROU (indigène et exotique).

C'est la pulpe verte qui recouvre la coquille du fruit du *noyer*.

Les teinturiers en tirent une couleur brune très-solide.

Les distillateurs en font une liqueur dont la vertu est stomachique.

On le considère comme objet de première nécessité.

BRUN rouge ou rouge brun.

C'est un ocre ferrugineux , en usage dans la peinture grossière (*V*. ocre).

BRUYÈRES à faire les vergettes.

Ce sont les plus faibles bouts d'un arbuste appelé *Scéoparia* et qui croît abondamment en Espagne et dans le midi de la France.

C'est une matière première, mais de nécessité secondaire.

BUIS (arbrisseau indigène); on emploie son bois et sa racine pour faire des ouvrages de tabletterie : son écorce est considérée en médecine comme sudorifique mais peu usitée : (matière première de première nécessité.)

C

CABRIL. C'est un jenne chevreau ou bouc ; objet de première nécessité comme comestible.

CACAO et épluchures de cacao, (roduction coloniale.)

C'est l'amende du fruit du cacaotier, arbre qui croît au Mexique, en Amérique et dans la Guyanne.

Le fruit a la forme d'un concombre ; il renferme trente à quarante amendes de la forme d'un gland et couvertes d'une pellicule sèche et dure.

L'amende du cacao sert à la fabrication du chocolat, comestible de goût et de fantaisie, auquel on attribue une vertu stomachique.

On emploie également la pellicule pour donner la saveur.

Le cacao ne peut être considéré que comme objet de fantaisie.

CACHOU (production coloniale.)

Le suc de cachou est seul connu dans le commerce.

C'est un extrait de gomme résineux tiré d'une espèce d'acacia qui croît aux Indes.

Il s'apporte en morceaux gros comme des œufs

de poule , il est opaque intérieurement , d'un roux noirâtre , et quelque fois marbré et gris, sans odeur , d'un goût astringent , un peu amer d'abord , ensuite agréable ; il se débite en petits rouleaux ou boules : on le nomme aussi terre du Japon.

CADMIE (*V. Calamine.*)

Ce suc est employé dans la pharmacie comme stomachique et astringent ; il peut être rangé dans la deuxième classe.

CAFÉ (production coloniale.)

Fruit d'un arbrisseau dit le Cafeyer, qui croît aux Indes et dans les colonies d'Amérique ; il croît assez vîte et s'élève à hauteur de quinze à vingt pieds ; à la suite des fleurs succèdent des petites baies de la grosseur d'une cerise, qui renferment chacune deux grains de café.

Cette graine est d'un usage habituel ; on le rôtit et on le pulvérise pour en extraire une liqueur par infusion dans l'eau bouillante.

Sa vertu est irritante ; son excès peut être nuisible.

Sa grande consommation se fait par les personnes aisées.

Il doit être rangé dans la classe des objets de luxe et de fantaisie.

CAILLE-LAIT (plante indigène , dont la fleur

semblable au muguet , a la propriété de cailler le lait.)

Sa racine donne un aussi beau rouge que la garance : première nécessité.

Cailloux à fayence (produit indigène et exotique.)

Ce sont des pierres siliceuses , demi-transparentes qui se trouvent dans les bancs de craie.

On les emploie après les avoir broyées ; c'est une matière première de nécessité secondaire.

Calagnala (production coloniale.)

C'est une racine qui croît au Pérou et au Brésil.

On lui attribue des vertus sudorifiques et apéritives.

La médecine en France , en fait peu d'usage et préfère la salsepareille , dont les vertus sont les mêmes et plus actives.

Calamine ou Cadmine.

C'est une pierre friable qui vient d'Allemagne ; il y en a de différentes couleurs, de rouges et de grises : réduite en poudre , elle sert à l'acide d'une préparation dite cémentation à convertir le cuivre en laiton ; on l'appelle aussi pierre calaminaire.

Étant utile aux arts , elle est de première nécessité.

CALAMUS, *verus aromaticus* ou *amarus*, (production coloniale.)

C'est la tige d'une espèce de roseau, creusé comme un chalumeau, grosse comme une plume, jaune en dehors, blanche en dedans, remplie d'une substance fangeuse, d'un goût âcre, d'une amertume légère et d'une assez bonne odeur : il vient d'Egypte en petites boîtes hautes de deux ou trois pieds ; on l'appelle aussi *Tascan aromatique* : ses vertus sont fortifiantes et digestives.

Cette plante n'est pas d'un usage fréquent en médecine et ne peut être placée que dans la deuxième classe.

CALCANTUM ou vitriol rubifié, colchate, (produit chimique.)

C'est le vitriol de mars, dégagé par l'action du feu d'une partie de l'acide vitriolique.

Ce résidu forme des pierres rougeâtres qu'on pulvérise et dont on fait un usage habituel pour polir les glaces.

Le calcantum vient d'Alemagne et de Suède ; on l'apelle aussi *Calcetis* : matière première.

CALCÉDOINE. C'est une pierre fine, demi-transparente et d'un bleu laiteux ; sa dureté approche de celle de l'agathe ; elle est employée pour les joailliers : objet de luxe et de fantaisie.

CALLEBASSE, fruit du calebassier, arbre qui croît aux Antilles.

Ce fruit d'une forme ovale et très-grosse est recouvert d'une peau lisse et mince sous laquelle se trouve une coque qui renferme une pulpe jaunâtre.

Cette pulpe fournit le sirop de calebasse connu en médecine, et de nécessité secondaire.

CALIATOUR. C'est un bois de teinture de même nature que ceux de Fernamhourg. Il vient des Colonies et est apporté en éclisses.

CALIN (production coloniale). C'est une espèce particulière de plomb qui vient de la Chine. Matière première , de nécessité secondaire.

CAMÉLÉON blanc , carline ou caroline.

Cette plante croît dans le midi de la France et en Italie.

C'est la racine qu'on emploie ; elle a une odeur forte et un goût d'anis; elle est extérieurement grisâtre, et intérieuremen blanchâtre ; ses vertus sont stomachiques et sudorifiques : nécessité secondaire.

Il ne faut pas la confondre avec la caroline (mousse de Corse.)

CAMOMILE. Plante indigène et exotique.

Elle a une petite fleur dont le tour est blanc et le milieu jaune , dont l'odeur est très-forte.

On connaît plusieurs espèces de cette plante.

La fleur de camomile est utilement employée dans la médecine et dans la teinture.

Comme drogue médicinale elle est vulnéraire, détersive et apéritive.

Comme utile aux arts, elle procure aux laines une belle couleur jaune.

Nécessité secondaire.

CAMPHRE brut et rafiné , (production coloniale).

Résine blanche, transparente, friable, légère, d'une odeur forte , et surnageant sur l'eau. Le camphre rafiné est en pains convexes d'un côté, et concaves de l'autre.

Ses vertus sont sudorifiques , anti-spasmodiques , résolutivess et anti-putrides.

Le camphre brut est de première nécessité.

Celui préparé ne doit être considéré que comme secondaire.

CANNEFICE (production coloniale). C'est la casse ; fruit du caneficier ou cassier. Sa forme est dure , longue environ d'un pied et demi, cylindrique, dont l'intérieur est divisé en petites cellules qui contiennent chacune une graine jaunâtre , en cœur, applatie.

Elle est de nécessité première en médecine, comme purgatif doux.

CANNELLE (production coloniale). C'est la seconde écorce du cannellier, espèce de laurier qui croît en Chine ; elle est d'un jaune rougeâtre, d'un goût âcre, piquant, mais très-agréable et aromatique. La cannelle de Ceylan est mince; elle est la plus recherchée.

Les vertus de la cannelle sont cordiales, stimulantes et stomachiques.

On l'emploie en médecine comme fortifiant, et en cuisine comme aromatique.

Sa nécessité n'est que secondaire.

CANNES ou joncs (production coloniale.)

C'est une espèce de roseau qui croît aux Indes, comme les bambous.

Objet de curiosité et de fantaisie.

CANTARIDES, mouches mortes qui constituent une drogue de nécessité première en médecine.

Ces insectes, qui viennent d'Espagne, ont les aîles renfermées dans un étui d'un vert bleu doré ; il faut les toucher avec précaution.

CAONTCHOUC ou hevé ; arbre de la Guyanne, qui produit une gomme dite élastique.

(*Voy*. gomme.)

CAPILLAIRES. Il y en a sept espèces différentes : celui qu'on emploie le plus communément s'appelle adiante, et vient de Montpellier ; celui du Canada est aussi très-recherché ; sa feuille est obtuse, verdâtre, longue , dentelée d'un côté , et entière de l'autre.

La vertu de cette plante est pectorale et stomachique.

Nécessité secondaire.

CAPRES. Ce sont les boutons de la fleur du caprier : on les confit dans le vinaigre et on les emploie en cuisine.

Objet de goût et de fantaisie.

CAPRIER (racine du). C'est l'écorce épaisse de la racine de caprier qu'on voit dans le commerce ; elle est jaune grisâtre, difficile à rompre, et d'une consistance semblable à celle du cuir.

Cette plante est très-cultivée en Barbarie et dans le midi de la France ; c'est elle qui nous fournit le capre qu'on emploie dans la cuisine. Ses vertus en médecine sont apéritives et toniques : nécessité secondaire.

CARABÉ. C'est l'ambre jaune décrit au mot ambre.

CARBONATE. C'est le nom donné à un sel formé par la combinaison de l'acide carbonique avec différentes bases.

On connaît plus particulièrement les carbonates de plomb, dite *céruse*, de cuivre dite *cendres bleues*, de soude dite *alkali*, et de zing dite *calamine*.

Comme matières préparées elles doivent être rangées dans la troisième classe.

CARBURE. C'est le nom donné à un composé chimique ; il résulte de la combinaison du carbonne non oxigéné avec d'autres bases, telles que le fer et autres métaux.

Comme matière préparée on doit considérer celui qui viendrait de l'étranger comme objet de troisième classe.

CARDAMOMUM (production co loniae). La médecine en emploie trois espèces ; le grand s'appelle aussi manignotte , sa gousse ressemble à une figue alongée , et ses graines sont triangulaires ; c'est le plus petit dont on fait ordinairement usage ; ses gouses ainsi que celles du moyen sont triangulaires ; elles contiennent un grand nombre de semences carrées , arrangées et entassées les unes sur les autres ; les graines du moyen sont violettes et d'un goût âcre.

Ses vertus sont stimulantes et stomachiques ; l'usage qu'on en fait en médecine doit faire placer cette drogue dans la deuxième classe.

CARET. (*V*. écaille.)

CARLINE ou caroline (*V*. caméléon.)

CARMIN. C'est une couleur rouge résultat d'une préparation chimique qui constitue un précipité par le mélange de *l'alun* et le *nitro* muriate d'étain avec la teinture de cochenille.

Cette couleur est d'un grand usage dans la peinture.

Elle est de nécessité première ; mais celle venant de l'étranger doit être mise dans la seconde classe, attendu la main-d'œuvre qu'elle a reçue.

On connaît une autre espèce de carmin dit *carmin* commun ; c'est un rouge beaucoup plus terne que le premier, résultat des mêmes procédés ; c'est le résidu de la préparation des carmins fins, mêlé avec du bois de Brésil ou du cinabre ; il est également employé en peinture et dans les ouvrages plus communs.

CAROUGE ou carrobe. C'est une fève de l'île de Chypre, qui croît également dans le midi de la France ; on s'en sert pour faire de l'eau-de-vie ; on en fait également usage pour nourriture , mais son utilité n'est que secondaire.

CARPOBALZAMUM (production coloniale.)

Ce sont des follicules rougeâtres, fruits de l'arbre qui produit le beaume de Judée ; elles renferment des semences dont on tire une liqueur jaune semblable au miel.

Cette drogue est peu utile en médecine et ne peut être rangée que dans la troisième classe.

CARREAUX de pierre ou de marbre.

Ce sont des marbres et pierres coupés en carreaux de toutes formes ; ils servent à carreler les planchers des appartemens.

Comme matière préparée, qui, ayant reçu toute sa main d'œuvre , n'attend que son dernier emploi, elle doit être rangée dans la troisième classe.

CARROBE (*V.* carouge.)

CARTAMI (graine de). C'est une plante exotique qu'on ne cultive en France que par curiosité.

Fleurs longues de plus d'un pouce, d'un beau rouge de safran foncé , découpées en cinq parties : on l'appelle safran bâtard.

Les fleurs sont employées dans la teinture en jaune.

La graine est employée en médecine comme un purgatif dont on doit user modérément : nécessité secondaire.

CARVI ou carri , semen. Il en croît beaucoup dans le midi de la France ; c'est une des quatre semences chaudes.

Ses graines longuettes, concaves d'un côté , convexes de l'autre , ornées de trois cannelures d'un vert obscur , ayant l'odeur et la saveur de l'anis ; elles sont carminatives et résolutives.

Nécessité secondaire.

CASCARILLES ou chacril.

C'est l'écorce d'une espèce de ricin aromatique , petit arbrisseau des îles.

On le pulvérise et on l'emploie utilement en médecine comme fébrifuge et pour arrêter le vomissement.

Elle n'est que de nécessité secondaire , pouvant être remplacée par d'autres drogues.

CASSE (*V*. canefice.)

CASSIA LIGNEA , production coloniale.

Arbuste du genre des lauriers ; on la vend en écorce roulée , ressemblant à la canelle , dont on la distingue par la faiblesse de son goût aromatique et par une glutinosité qu'on lui trouve en la mâchant.

Cette drogue également employée dans la pharmacie et dans la cuisine est de nécessité secondaire.

CASTINE. Pierre calcaire, d'un gris blanchâtre qui sert dans les fourneaux où l'on fond la mine de fer; on l'appelle aussi *erbue, arbue.*

Matière première, de nécessité première pour nos fabriques.

CASTOREUM.

Substance semblable à un mélange de cire et de miel , de couleur brune , d'une odeur forte et puante et d'un goût amer : on la trouve dans les poches placées sous les aines du castor.

C'est une drogue qui nous est apportée des Indes et de l'étranger.

On lui attribue une vertu anti - spasmodique.

La médecine n'en fait pas un fréquent usage, c'est pourquoi elle ne doit être considérée que comme nécessité secondaire.

CASUBE, produit chimique. (*Voy.* potasse, alkali.)

CAPATUCE ou palma christi, (plante indigène.)

C'est de la graine dont on fait usage en médecine ; elle est arrondie et de la grosseur
d'une graine de poivre ; on l'appelle aussi
épurge.

C'est un purgatif violent ; on attribue au suc
laiteux qui sort de la plante la vertu de ronger
les verrues.

CAVIAR. C'est une préparation des œufs de
l'esturgeon, poisson de mer.

Objet de fantaisie sans aucune utilité.

CÉDRAT. Espèce de citronier des indes : son
fruit, dont il est ici question, est recherché des
gourmets : (objet de fantaisie.)

CENDRES de bronze, (produit chimique.)
Matière blanche et friable que produit la fonte
du cuivre jaune et que l'on trouve attachée
aux carreaux qui couvre les creusets.

Elle a peu d'utilité et il en vient peu de l'é-
tranger.

CENDRES bleues et vertes (à l'usage des peintres.)

Couleurs en poudre impalpable dont la dénomination donne le caractère ; il y en a de
composées et de naturelles.

Celles naturelles se trouvent dans les mines de
cuivre ; on les appelle carbonate de cuivre

Celles composées sont en général fabriquées en France, c'est pourquoi celles venant de l'étranger ne peuvent être rangées que dans la dernière classe.

CENDRES *en général.*

Les cendres sont tous les corps réduits en poussière par l'action du feu, mais on distingue dans le commerce plusieurs espèces de cendres, savoir :

Cendres à l'usage des manufactures ou pour engrais , comme cendres communes, cendres d'orfèvre , cendres de chaux, cendres lessivées de savon , cendres de plantes, de gazons etc.

On les considère comme matières premières et de première nécessité pour les fabriques et la culture.

CERCLES. (*V.* bois).

CERF (moëlle , nerf , vessie de).

La moëlle se vend en petits pains ronds de diverses épaisseurs; le nerf est une portion d'une partie de la génération.

Ces matières sont rangées dans la classe des drogueries parce qu'on leur a attribué pendant un temps quelques vertus médicinales, mais aujourd'hui la pharmacie n'en fait plus d'usage.

CERF (os de cœur de).

C'est un os ou cartilage triangulaire qui se

trouve dans le cœur du cerf. On vend dans le
commerce l'os de cœur de bœuf, sous la dénomination de cœur de cerf.

C'est une matière première qui a été traitée
comme droguerie dans un temps où on lui attri-
buait quelque vertu médecinale, on n'en fait
plus usage.

CERF (corne rapée de).

C'est la corne de cerf rapée, on la nomme
aussi graine de corne de cerf.

C'est la matière première qui n'a reçu qu'une
première main d'œuvre, et qui, devant servir
aux préparations médicinales, doit être considérée comme de première nécessité.

CERF (esprit, sel, huile et gelatine).

Ces trois drogues sont caractérisées par leur
dénomination.

C'est la corne de cerf brûlée et calcinée qui
a subi différentes préparations, qui toutes ont
leur propriété particulière en médecine, et sont
considérées comme de nécessité secondaire.

CÉRUSE en pain.

Couleur blanche, faite avec le plomb réduit
en poudre par la calcination ; on la met en petits poins.

C'est une matière première, résidu chimique,
qui en raison de la main d'œuvre, n'est consi-

7 *

dérée venant de l'étranger que comme nécessité secondaire.

CETERAC.

Cette plante est une espèce de fougère qui croît sur les rochers dans le midi de l'Europe.

C'est la feuille de cette plante que l'on emploie. Elle est presque dorée et ondée. On l'appelle aussi scolopendre ou doradille.

C'est une des cinq plantes capillaires.

Ses vertus sont adoucissantes et pectorales ; elle doit être rangée dans la première classe.

CEVADILLE (graine de), production coloniale.

Elle vient en épis de la figure de ceux de l'orge. On l'appelle aussi graine à poux , parce qu'elle les détruit.

Elle est employée utilement dans la pharmacie , et peut être considérée comme objet de seconde nécessité.

CHADEC.

C'est le citronier de la barbade ; objet de fantaisie.

CHAIRS fraîches et salées.

Ce sont les viandes de bœufs, vaches, veaux, moutons , et cochons.

Ces comestibles de première nécessité sont rangés dans la deuxième classe lorsqu'ils viennent de l'étranger, afin de favoriser et d'encourager l'agriculture en France.

CHAMPIGNONS.

C'est une plante qui n'a pas de feuilles; elle se compose d'un pédicule surmonté d'une espèce de chapeau.

C'est un comestible qui croît partout.

On en connaît beaucoup d'espèce, quelques-unes sont vénéneuses.

Celui qui vient de l'étranger est ordinairement séché.

Ce comestible n'est qu'un objet de fantaisie et de goût, sans utilité.

On doit proscrire celui qui vient de l'étranger.

CHANVRE.

C'est une plante fort commune dans tous les pays; elle s'élève plus ou moins haut, suivant la qualité du terrain dans lequel elle est semée.

Elle porte sa graine au haut de sa tige ; c'est cette graine qu'on appelle le chenevi qui sert à faire de l'huile.

La tige étant arrachée, est dépouillée d'une espèce de grosse paille, recouverte par ce qu'on appelle le chanvre qui restant ainsi dégagé de corps étrangers reçoit les différentes préparations jusqu'à sa filature et sert à la fabrication des cordages et des toiles.

Nos besoins et l'intérêt de l'agriculture exigent qu'on favorise la culture de cette plante, et par ce motif le chanvre venant de l'étranger, ne peut être considéré que comme matière secondaire.

Le chanvre, filé simple, est encore matière première ; mais si le défaut de culture d'une assez grande quantité de chanvre pour suffire aux besoins de nos fabriques, prescrit d'admettre le chanvre filé, on doit toujours considérer que cette admission prive notre industrie d'une main-d'œuvre.

CHAPEAUX (marc de roses.)

On donne ce nom au marc de roses qui reste dans les alembics, après que l'eau et l'huile en ont été tirées ; on en forme des pains, objet employé dans les parfumeries.

CHARBONS de bois, (*Voy. Bois.*)

CHARBON de terre , (indigène et exotique.) Matière première, produits de mines.

C'est une substance minérale et bitumineuse, la France possède beaucoup de mines de charbons, dont on doit favoriser l'exploitation, en conséquence, ne considérer le charbon de terre venant de l'étranger, que comme nécessité secondaire, et n'en permettre l'entrée que sur les frontières éloignées de nos mines.

CHARDONS à drapiers et bonnetiers, plante indigène.

Le chardon a la forme d'un dé à coudre très-alongé , il est d'un gris violâtre.

C'est une matière première , de première né-cessité , pour les fabriques.

CHATAIGNES.

La châtaigne est le produit du châtaignier. C'est un comestible très-utile et sous ce rapport de première nécessité.

CHAUX à brûler.

C'est une pierre calceaire , qui calcinée par l'action du feu, forme, ce qu'on appelle la chaux, matière première pour la bâtisse.

Lorsqu'elle est en pierre dans son état naturel , avant la calcination , elle est considérée comme matière de première nécessité. Mais celle qui a reçu la main d'œuvre de calcination, n'est plus que secondaire.

CHENEVIS.

C'est la graine du chanvre. (*Voy. chanvre.*)

CHENEVOTTE (Charbon de)

L'on appelle chenevotte le tuyau de la plante qui produit le chanvre.

C'est ce tuyau qu'on fait brûler pour le mettre en charbon , et ce charbon s'emploie à la fabrication de la poudre à canon.

Nécessité secondaire.

CHEVAUX.

Le cheval est l'animal le plus utile à

l'homme, le gouvernement encourage sa propagation par des récompenses accordées à ceux qui ont ce qu'on appelle des haras.

L'espèce en France est généralement bonne ; l'intérêt de l'agriculture exige que pour favoriser cette branche de commerce et le maintient des races, on n'en permette pas la sortie de France, et le même motif doit ne faire considérer les chevaux venant de l'étranger que comme secondaires.

Cheveux. Le commerce des cheveux forme une branche assez importante ; mais il ne sont employés que pour des objets de luxe ; on doit les ranger dans la troisième classe.

Chèvres. C'est un animal utile, et considéré, sous tous les rapports, comme première nécessité.

Chicorée. C'est une plante qui croît partout et qu'on cultive dans les jardins.

Ses feuilles se préparent en salade, sa racine se réduit en poudre par la dessication, et est substituée au café dans quelques départemens.

La plante est utile en médecine, comme apéritive, diurétique et tonique.

Elle est considérée comme secondaire.

Chiendent. Racine qui croît abondamment en France. Ses vertus en médecine sont généralement connues : objet de première nécessité.

Chiffons ou drilles. Ce sont les vieux linges

qui constituent la matière première pour la fabrication du papier ; et par ce motif deviennent
première nécessité.

CHOCOLAT. C'est le cacao broyé et apprêté
avec du sucre.

Comestible de luxe et de fantaisie qui se fabrique d'ailleurs en France dans la meilleure
perfection.

CHOUX MARIN ou sol Danel. On donne ce nom
à un liseron maritime mis en usage dans la médecine comme purgatif et lidragogue.

CHOUAN ou couan (exotique). C'est une
plante qui croît dans le Levant. On fait usage
de sa graine , qui est légère , d'un vert jaunâtre,
d'un goût aigrelet et salé.

Matière première et de nécessité secondaire
pour la peinture et la teinture.

CHRISOLITE. Pierre précieuse qu'on trouve
dans l'île de Ceylan. Elle est d'un beau vert-
pomme clair. C'est une pierre précieuse qui est
employée par les joailliers : objet de luxe et de
curiosité.

CHROMATE de plomb. C'est une couleur factice
janne et très-brillante , produite par la combinaison du chrome à l'état acide et du plomb.

Comme matière préparée , elle doit être rangée dans la seconde classe.

CHROME. Minéral propre à la formation d'une

couleur verte utile aux manufactures de porcelaines et d'émaux. Il n'est connu que depuis quelques années, il en existe une mine abondante dans le département du Var.

Il est de première nécessité, sous le rapport des arts.

CHRYSOCOLLE (indigène et exotique).C'est une matière que l'eau détache des mines de cuivre, d'or, etc. (*V.* Borax.)

CIDRE, boisson. Résidu de l'expression des pommes et poires.

Objet de première nécessité ; cependant l'intérêt de notre agriculture exige qu'on ne range que dans la seconde classe les cidres étrangers.

CIMENT. Matières composées et propres à faire l'assemblage des pierres et briques.

Comme matière préparée, le ciment ne doit être considéré que de nécessité secondaire lorsqu'il vient de l'étranger.

CIMOLIE. C'est une sorte d'argile blanchâtre et rougeâtre, tirée de l'île de l'Argentières.

Elle doit être traitée comme argile.

CINABRE (substance minérale). On en connaît de deux espèces. Le naturel, c'est une pierre minérale, rouge et brillante, qu'on trouve dans les mines de mercure ; et l'artificiel produit par une opération chimique, et qui imite parfaitement le naturel.

Mais on a peu recours à cette opération pour se procurer le cinabre, parce que le naturel est très-abondant : il nous vient de Chine et d'Allemagne.

L'un et l'autre se trouvent dans le commerce, sous forme de pierre et de poussière.

C'est une matière première, de première nécessité pour la peinture ; elle produit une couleur rouge.

CIRE. C'est un suc huileux qui se trouve dans les ruches d'abeilles après l'extraction du miel. Ce suc forme les rayons et les alvéoles où est renfermé le miel.

On connaît dans le commerce deux espèces de cires :

La cire jaune, c'est-à-dire celle qui est seulement fondue telle qu'elle sort de la ruche, et mise en gros pains ronds et plats ;

Et la cire blanche, c'est-à-dire celle qui a reçu la préparation du blanchîment.

Cette préparation se fait avec beaucoup de succès en France.

On vend aussi dans le commerce, comme matière première, la crasse de la cire : c'est le résidu de la fonte.

La cire nous vient du levant, de la Barbarie et de l'Archipel.

C'est une matière de première nécessité pour notre industrie.

(Voir ce qui est dit au mot *Abeilles* sur cette branche de produit vraiment agricole.)

CITOUAR. *V.* Zédoaire.

CITRONS. C'est le fruit du citronier, espèce d'oranger dont le fruit est amer, et qui diffère d'ailleurs de l'orange en ce qu'il est ovale, tandis que l'orange est ronde.

Il est d'une grande utilité en médecine comme rafraîchissement anti-putride, fébrifuge et fortifiant : son jus, mêlé avec du sucre et de l'eau, constitue une boisson fort en usage.

Il nous arrive par caisses de l'Italie, de Malthe et des pays méridionaux.

C'est, sous tous les rapports, un objet de première nécessité.

CIVETTE. Substance concrète qui se trouve dans une poche placée sous la queue de l'animal de ce nom, espèce de chat sauvage originaire d'Asie et d'Afrique. Elle a une odeur très-forte; elle est blanche et n'est ni molle ni dure.

La civette n'est plus usitée que pour la parfumerie, et par ce motif appartient à la troisième classe.

CLOPORTES. Insecte d'un gris plus ou moins foncé pardessus, blanc pardessous, de quatre ou cinq lignes de longueur.

Ses vertus en médecine sont apéritives, désobstruantes et diurétiques.

La France en produit abondamment, et par ce motif, celles qui sont importées de l'étranger ne doivent être considérées que comme secondaires.

Cobalt ou Cobolt. Substance métallique, pesante, dure, friable, d'une couleur cendrée, jaune ou noirâtre, ressemblant à une scorie de verre et à du métal fondu lorsqu'on le casse ; il s'en trouve aussi de couleurs de fleurs de pêches.

Les mines de cobalt sont en Suède, en Allemagne et dans les Pyrénées espagnoles.

C'est une matière première propre aux manufactures et d'une grande utilité.

Cochenille, (production coloniale.) C'est un insecte desséché qui se trouve au Mexique. Il se fixe sur la feuille d'une espèce de figuier ; on enlève les insectes, et on les fait sécher au four ou au soleil après les avoir plongés dans l'eau bouillante.

Il y a beaucoup d'espèces de cochenille.

Toutes servent à la teinture en rouge : on l'apporte en forme de petits grains qui ressemblent à de la peau de cerise roulée. C'est une matière première, de première nécessité, et qui a les mêmes propriétés que l'alkemès déjà décrit.

Colchicon et Colchique, (indigène.) C'est une plante à oignons qui sort de terre sous la forme de quatre tuyaux qui s'épanouissent en fleurs, ayant la forme du lis.

L'oignon est un poison pris intérieurement; il peut cependant être employé comme diurétique : nécessité secondaire.

COCHONS. Ils sont rangés dans la classe des bestiaux. Ils sont d'une grande utilité et de première nécessité comme comestibles.

Coco (Noix de). Le coco est une espèce de palmier de l'Inde. Son fruit est une noix d'une grosseur extrême, presque égale à celle de la tête d'un homme. Elle renferme une moelle qui a le goût d'amande; celles qu'on voit dans le commerce n'ont que trois à quatre pouces de diamètre. Il y en a cependant d'assez petites pour servir à faire des graines de chapelet.

Le coco n'étant qu'un objet de fantaisie, ne peut être considéré, sous le rapport de son utilité, que de troisième classe.

COCONS de soie. *V*. Soie.

COLCOTAR. On donne ce nom au résidu de l'huile de vitriol. Il forme une espèce de terre dure, à laquelle on attribue une vertu astringente.

Comme drogue composée, il doit être rangé dans la troisième classe.

COLLES. On connaît différentes espèces de colles. Elles sont toutes considérées comme matières premières, mais de nécessité secondaire;

vu la main d'œuvre qu'elles ont reçue et qu'on pourrait leur donner en France.

Les plus communément en usage sont :

La colle forte. C'est une gelée animale faite avec des parties membraneuses qu'on tire des animaux, des rognures de cuirs, de peaux, de cornes, etc.

Cette gelée est mise en tablettes de trois lignes d'épaisseur.

Cette colle est d'une nécessité indispensable aux menuisiers et ébenistes pour l'assemblage et le placage des bois.

On est parvenu en France à en fabriquer d'une aussi bonne qualité que celle qui venait de l'étranger.

Colle de Flandre et colle de Gand. La première se fait avec des rognures de peaux de moutons, d'agneaux et autres jeunes animaux.

La seconde, avec des rognures de peaux blanches de Gants.

Ces deux espèces de colles ne servent qu'aux peintres en détrempe et aux doreurs.

Toutes ces colles se fabriquant en France avec succès, on doit ranger celles de l'étranger dans la troisième classe.

Colle de poisson. On donne ce nom à la préparation des membranes de la vessie de l'esturgeon du Volga.

Elle est importée de Russie sous la forme de cordons roulés et plissés , de la grosseur du doigt , et divisés en morceaux.

On en fait usage en médecine comme adoucissant.

On en extrait aussi par ébullition une colle qui sert à la préparation du taffetas.

Son principal emploi est pour clarifier les vins, bières et liquides.

La colle de poisson est considérée comme nécessité secondaire.

COLOMBINE. C'est le nom donné à la fiente de pigeon : matière première comme engrais.

COLOPHONE ou COLOPHANE. C'est la térében-thine cuite dans l'eau jusqu'à ce qu'elle soit réduite en consistance solide.

Elle est d'un jaune un peu foncé et friable.

Elle sert peu en médecine , et son usage fréquent est pour frotter les archets des joueurs de violons et des instrumens à cordes de boyaux.

On la fabrique en France.

COLOQUINTE. Plante qui croît en Syrie ; on en cultive dans les jardins.

C'est une courge sauvage , de la forme, de la grosseur et de la couleur d'une orange.

Ses vertus sont très-purgatives : nécessité secondaire.

CONCOMBRE. C'est un légume rampant ; il

produit un fruit très-long dans lequel sont beaucoup de pepins qui constituent une des quatre
semences froides.

La chair du concombre est employée dans la
cuisine comme comestible.

La France en fournit abondamment.

CONFECTIONS. On donne ce nom à des médicamens composés par la médecine.

Il est important, afin de prévenir les accidens,
de ne pas les admettre venant de l'étranger.

CONFITURES. On donne ce nom à la préparation de toute espèce de fruits avec du sucre
pour les conserver et les rendre plus ou moins
agréables au goût.

On en connaît différentes espèces liquides ou
sèches.

Toutes sont rangées dans la même classe d'objets de goût et de fantaisie qui ne présentent
d'ailleurs aucune utilité.

CONSERVES. Ce sont des noms donnés à des
préparations de fruits et de plantes avec du miel
ou du sucre.

Les unes forment des médicamens, les autres
des comestibles de goût et de fantaisie.

Toutes sont sans utilité, parce que d'ailleurs
ces différentes préparations se font en France ;
et quant à celles qui deviennent médicamens,

8

il est dangereux de les admettre venant de l'étranger.

CONSOUDE (plante indigène et exotique). Racine très-usitée et de première nécessité en médecine. On en distingue de deux espèces : l'une, dite grande consoude, l'autre petite ; leurs vertus sont vulnéraires ; la grande consoude, dite *oreille d'âne*, est bonne pour les hernies et les pertes de sang.

CONTRA-YERVA. Plante qui croît au Mexique. C'est la racine desséchée qu'on voit dans le commerce ; elle est grosse comme une plume de cygne, longue de deux pouces, noueuse, très-fibrée, d'un rouge tanné en dehors, blanchâtre en dedans ; elle a l'odeur d'une feuille du figuier. Ses vertus sont astringentes, sudorifiques et antiseptriques.

La médecine en fait usage et la range dans les objets de nécessité première, comme antidote.

COPAL. *V.* Gomme.

COQUE du Levant. Arbrisseau des Indes. C'est le fruit qu'on emploie ; il est de la grosseur d'une graine de chapelet, demi-rouge et de la figure d'un petit rognon. On s'en sert en médecine pour faire périr la vermine. La coque du Levant jetée dans une rivière a la propriété d'endormir le poisson ; mais il est défendu de faire usage de cet appât, et le poisson ainsi endormi, est mal sain.

Elle ne peut être considérée comme objet de nécessité.

COQUILLAGES. Ce sont les coquilles de divers animaux de terre et d'eau douce ou de mer.

Les coquillages ne sont qu'objets de curiosité; ils font partie essentielle de l'histoire naturelle.

On donne aussi le nom de coquillages à des poissons qui se pêchent avec leurs coquilles, tels que l'huître et les moules.

Ces derniers sont considérés comme comestibles de nécessité secondaire.

COQUILLES de nacre non travaillée. Ce sont les coquilles de poissons qui se trouvent dans les mers des Indes.

Elles sont grandes, épaisses, peu creuses et de figure circulaire, pesantes, grises en dehors, ridées, âpres, non cannelées et argentées en dedans. Indépendamment de ce que ces coquilles sont recueillies par les naturalistes et les curieux, elles deviennent aussi matière première pour la fabrication de beaucoup d'ouvrages de bijouterie et de tabletterie, et par ces motifs elles sont considérées comme objets de luxe et de fantaisie. *V*. Nacre.

CORAIL non ouvré. Il y en a de beaucoup d'espèces; mais on en voit principalement trois dans le commerce : le blanc, le rouge et le noir ;

8*

il a, en général, la forme de branches de bois, venues dans un mauvais terrain.

C'est une production pierreuse qui croît dans la mer; on le trouve en forme de petit arbuste ramifié et sans feuilles, attaché à des rochers.

Le corail n'a de propriété que comme matière première, propre à faire des petits ouvrages de goût, des colliers, des bracelets et autres objets de luxe qui n'acquièrent une véritable valeur que par la main-d'œuvre.

Le corail se recueille en abondance sur les côtes d'Afrique et en Sicile.

Cette cueillette s'appelle la pêche du corail. Son usage est devenu si commun, que son commerce fait une branche essentielle de spéculations pour les armateurs et les marins.

CORALINE ou mousse marine. On en connaît de deux natures : l'une est une espèce de mousse dont l'odeur marécageuse jointe à sa forme la fait aisément reconnaître.

L'autre est une substance pierreuse comme le corail.

Toutes deux se trouvent dans la méditerranée, attachées à des rochers, et toutes deux sont considérées comme vermifuge très-puissant.

La première est employée en infusion, la seconde se prépare en trochisque.

Nécessité première pour la médecine.

CORIANDRE (plante indigène et exotique). Sa graine, dont on fait usage, est ronde, ridée, grosse comme un grain de poivre. Son goût et son odeur sont très-agréables.

Ses vertus sont stomachiques. On l'emploie aussi comme parfum dans la cuisine et dans la fabrication des liqueurs.

Elle n'est que nécessité secondaire.

CORIS ou CAURIS. Petites coquilles très-blanches, univalves, fendues par le milieu.

Objet de curiosité.

CORNALINE. C'est une pierre précieuse, espèce d'agathe, demi-transparente, de la grosseur d'une fève, et qui nous vient des Indes, de l'Arabie et de l'Egypte.

Cette pierre est d'un rouge approchant du grenat.

Il y en a de différentes espèces. Elle est rangée dans la classe des objets de curiosité.

CORNES de bœuf ou de vache. C'est une matière première utile à nos fabriques.

Cornes de cerf ou snack. Il est ici question de ce qu'on appelle les bois du cerf : espèces de cornes branchues qui lui poussent sur le front, et qui tombent chaque année.

Celles de snack, ou chèvre sauvage de Russie, sont de même nature.

On se sert des unes et des autres pour faire

des manches de couteaux, de sabre et autres.

Considérés comme matières premières, elles sont de nécessité secondaire.

CORNES de beliers, moutons et autres cornumès. Ce sont des matières premières, mais de nécessité secondaire.

CORNES rondes ou plates à faire des peignes, Ce sont les cornes de bœuf qui ont reçu une préparation et sont dressées de manière à être employées.

Cette première préparation pouvant être donnée en France, on ne doit considérer ces cornes aplaties et dressées que comme nécessité secondaire.

CORNES de licorne. C'est la défense du narhwal, poisson du genre des baleines, et qui se trouve dans les mers du Groenland. Elle a la forme d'un cierge qu'on aurait tordu : on l'appelle aussi *dent marine*.

Elle est blanche et sert à faire des dents postiches et des manches de couteaux et d'outils.

Matière première, mais d'utilité secondaire.

CORNICHONS (plante indigène). On donne ce nom au fruit du concombre avant qu'il soit à maturité : on le cueille très-petit, et on le fait confire dans dans le vinaigre.

Il est employé ensuite dans la cuisine : objet de fantaisie sans aucune nécessité.

Costus indicus et amarus. C'est une racine de la grosseur du doigt. Elle se recueille dans l'Indostan.

Elle est légère, pleine et noire, très-amère, et d'une odeur forte d'œillet.

Le peu d'usage qu'on en fait en médecine doit la faire mettre dans la troisième classe.

Costus doux. C'est la seconde écorce du bois d'Inde. Elle est en gros rouleaux épais, d'un blanc pâle; elle a le goût de la canelle, du girofle et du gingembre.

Elle se confond dans le commerce avec la canelle blanche. Ses vertus en médecine sont les mêmes, stomachiques et fortifiantes.

On en fait usage dans la cuisine : son utilité n'est que secondaire.

Coton en rame ou en laine. Le coton est le fruit du cotonier, arbre qui croît plus particulièrement aux Indes.

Ce fruit consiste en une capsule de la grosseur d'une noix qui renferme un bourre très-fine, qu'on nomme *coton*.

Cette bourre est susceptible d'être filée et fabriquée; elle est matière première, et de première nécessité pour nos manufactures.

Couleurs préparées. Les couleurs, quoique préparées, sont réputées matières premières, mais rangées dans la seconde classe, parce que ces différentes préparations privent nos ouvriers d'une main d'œuvre.

COUPEROSE blanche ou bleue. C'est un sel qu'on obtient en versant de l'acide sulphurique sur du zing réduit en fragment. Sa saveur est âcre et styptique.

Ses vertus sont émétiques, astringentes et diurétiques.

Il en vient aussi de naturelle qu'on trouve dans les mines de Hongrie et en Carinthie.

Cette couperose est de première nécessité en médecine.

Couperose verte. Minéral qui se trouve dans les mines de cuivre, et dont on varie la couleur par la manière de le préparer. On en fait d'artificielle qui imite parfaitement la naturelle : elles ont le brillant du sucre candi.

Son utilité n'est que secondaire en médecine.

CRAIE (indigène). C'est une terre calcaire, blanche et tendre, qui, dans quelques pays, sert pour la bâtisse, et est de première nécessité.

Il en est une espèce moins dure que la première, nommée blanc de Troyes, qui sert en peinture.

CRÊME ou cristal de tartre. Cristal blanc et transparent, provenant du sel de tartre. (*Voyez* Tartre.)

CRINS frisés et unis. Le crin frisé est celui qui

a été cordé et bouilli ; l'uni est celui qui n'a reçu aucune préparation.

C'est une matière première d'une grande consommation et d'une grande utilité pour la fabrication des matelas et des meubles.

CRISTAL de roche. C'est une substance pierreuse, dure et transparente, et de la couleur d'une belle eau.

Il est abondant en Asie, en Afrique. Nous en avons des mines dans les montagnes du Dauphiné.

Le plus beau vient de la Suisse ; on ne l'emploie que pour fabriquer des vases , des lustres et autres ouvrages de luxe.

CUBÈBE ou poivre à queue. C'est le fruit d'un arbrisseau de l'île de Java.

C'est une graine aromatique à peu près de la grosseur du millet , grisâtre, ridée, garnie d'une petite queue ; elle est fragile, d'un goût fort âcre et d'une vertu stomachique.

Cette plante n'est que de nécessité secondaire.

CUDBEARD. Plante qui sert à la teinture, et connue sous le nom d'*orseille*. (*V*. ce mot.)

CUIRS. C'est la peau du bœuf, du cheval ou d'autres animaux.

On distingue les cuirs en vert ; ce sont ceux qui n'ont encore reçu aucune préparation.

Les cuirs secs en poils, ce sont les peaux séchées avec leurs poils, et qui n'ont reçu aucune autre préparation.

Et les cuirs préparés, qui, ayant reçu la main d'œuvre du tanage, corroyage ou tout autre apprêt, sont toujours matière première; mais, en raison de la main d'œuvre, ne sont que de nécessité secondaire, tandis que les deux autres espèces sont de la première classe.

CUIVRE. Rouge brut, fondu en gâteau lingots, rosette et mitraille.

C'est le métal extrait des mines et dans son premier état.

Objet de première nécessité.

CUIVRE jaune. C'est le cuivre rouge fondu avec un quart d'alliage de zinc.

Il est également matière première.

La France ne possédant que deux mines de cuivre peu abondantes, nous sommes obligés de tirer cette matière de l'étranger.

CUMIN (plante exotique), abondante en Sicile et dans l'île de Malthe. C'est la graine dont on fait usage; elle est semblable à celle du fenouil, pointue par les deux bouts, convexe d'un côté, aplatie de l'autre, d'une saveur un peu amère, aromatique, âcre, désagréable. On l'appelle aussi *anis aigre*.

Ses vertus sont stimulantes, carminatives et résolutives.

Nécessité secondaire.

Curcuma ou terra merita. Plante des Indes. On n'apporte que la racine en France. Elle est amère et aromatique,

Ses vertus sont apéritives et diurétiques : elle est de nécessité secondaire en médecine.

Cuscute. *V*. Epithyme.

Cyperus. *V*. Souchet.

Cyprès (Noix de). Plante exotique. C'est le fruit du cèdre ordinaire. Il est de la grosseur du pouce, presque rond ; son odeur est résineuse ; sa saveur amère et ses vertus sont astringentes.

On l'emploie peu en médecine.

D

Dattes. C'est le fruit d'un palmier qui croît en Egypte et en Syrie. Il est oblong, gros comme le pouce, long d'environ dix-huit lignes ; la chair en est jaunâtre, grasse, ferme, bonne à manger, douce, d'un goût vineux et sucré ; on lui attribue des vertus astringentes ; mais la datte, sous le rapport de la médecine, n'est que de nécessité secondaire. On lui attribue des vertus pectorales.

DAUCUS ou semen dauci (plante exotique qui croît dans l'île de Candie).

On connaît dans le commerce la graine de cette plante ; elle est longue de deux lignes , étroite , composée de deux semences revêtues d'un duvet blanc. Elle a une odeur aromatique et une saveur agréable. Ses vertus sont carminatives et diurétiques , de nécessité secondaire en médecine.

DEGRAS de peaux. On appelle ainsi l'huile de poisson qui a servi à passer des peaux en chamois que les corroyeurs emploient pour préparer diverses sortes de cuirs.

Matière première pour les tanneries , mais de nécessité secondaire , en raison de la main-d'œuvre qu'elle a reçue.

DENTS d'éléphant ou morphil. Ce sont les dents de l'animal de ce nom , dans l'état où elles ont été arrachées des mâchoires ; on les appelle *défenses*. Elles viennent d'Afrique et d'Asie.

C'est une matière première pour nos fabriques ; mais son usage n'est relatif qu'à des objets de luxe.

DENT de loup. Ce sont les dents crochues placées des deux côtés de la gueule du loup ; on s'en sert pour brunir l'or et pour lisser le papier : nécessité secondaire.

DERLE. C'est le nom donné à une terre argileuse qui est importée de l'étranger, et qu'on emploie pour la porcelaine.

On en fait peu d'usage.

DIAMANS. Production minérale qui nous vient des Indes. (*V.* pierres fines.)

DIBIDIVI ou libidivi. C'est un arbre qui croît dans la Guyane; il produit des gousses renfermant des petites semences ovales, d'un goût acerbe et styptique, dont la vertu est astringente.

La compagnie de Caraque à Cadix fait seule le commerce du dibidivi. D'après les épreuves qui ont été faites dans les manufactures royales de tapisserie à Madrid, il a été reconnu que cette matière produit différentes couleurs, telles que le chamois, l'argent et le cramoisi ; elle est également supérieure pour le noir fin et le cramoisi fin en soie.

C'est une matière première nécessaire à nos manufactures et utile en médecine.

DICTAME ou radix dictami, en feuilles. Celui dont on fait usage vient de Crète. On emploie ses feuilles dans la médecine ; elles sont arrondies, longues d'un pouce, verdâtres et couvertes d'un duvet épais et blanchâtre : leur odeur est agréable et pénétrante. Ses vertus sont stomachiques et résolutives. On le cultive en France dans les jardins : nécessité secondaire.

DICTAME blanc ou fraxinelle. Cette plante croît dans les bois en Italie et dans le midi de la France.

C'est sa racine qu'on emploie ; elle est de la grosseur d'un doigt, fibreuse, blanche et friable. Ses propriétés sont nervines.

Elle est cultivée dans les jardins pour la beauté de ses fleurs et leur propriété : nécessité secondaire.

DOLIE. Plante étrangère, de la nature des haricots, et dont on fait peu d'usage.

DRÈCHE. On donne ce nom à l'orge germé et au marc de bière. Il paraît prudent de ne pas l'admettre venant de l'étranger.

DUVET de cygne d'oie et de canard. C'est la plume du cou et de l'estomac de ces animaux ; elle est extrêmement douce.

C'est une matière première, mais destinée à faire des meubles de luxe ; elle doit être rangée dans la classe des objets de fantaisie.

E

Eau de cerises, dite kirschwaser. C'est une liqueur extraite par distillation des cerisiers sauvages ou merisiers.

Elle est claire comme de l'eau de fontaine. On lui attribue une vertu stomachique.

Il s'en fabrique beaucoup en France dans les départemens du Bas-Rhin et des Ardennes.

Sa consommation est de luxe et de fantaisie.

L'intérêt des distilleries de vin doit porter à ne considérer tous autres esprits que comme objets de troisième classe.

Eau de poix (résine distillée). C'est une distillation de la poix dans de l'eau ; elle forme une espèce d'esprit qui sert aux peintres à l'huile.

Il n'en vient pas de l'étranger : matière secondaire.

Eau forte (acide nitrique). C'est le salpêtre distillé avec de l'acide sulphurique.

C'est un des acides les plus forts et les plus actifs. Il a une saveur très-aigre et brûlante, et une odeur forte.

Il sert à la dissolution de tous les métaux, excepté de l'or et du platine.

On le fabrique avec succès en France, et par

ce motif, celui qui vient de l'étranger n'est
considéré que comme secondaire.

EAU-DE-VIE de vin. C'est la partie spiritueuse
du vin obtenue par la distillation.

Lorsque l'eau-de-vie a atteint, par une seconde distillation, une force de plus de 23 degrés à l'aréomètre, elle devient esprit-de-vin.

La fabrication des eaux-de-vie de vin est
très-abondante en France, parce que c'est le
royaume qui possède le plus de vignobles.

Des eaux-de-vie étrangères n'y seraient d'aucune utilité.

EAU-DE-VIE autre que de vin. On donne ce
nom dans le commerce au résultat de la distillation du cidre, de la bière, du grain mêlé
avec du genièvre et d'autres substances végétales.

Mais ces eaux-de-vie ne sont d'aucune utilité,
et leur fabrication doit être d'autant moins encouragée, qu'elle pourrait nuire à celle des
eaux-de-vie de vin, qui sont en France un grand
objet de spéculation commerciale.

EAUX DE SENTEUR. Ce sont des eaux dans lesquelles on a fait infuser des fleurs, des feuilles,
des fruits et des graines, et qu'on a distillées.

Ces préparations se font en France, et par ce
motif, celles venant de l'étranger sont rangées
dans la dernière classe des besoins.

EAUX MÉDICINALES. On donne ce nom à des

préparations et a des mélanges de différentes substances avec l'eau et l'eau-de-vie.

Ces différentes eaux se font avec une grande perfection en France, par nos chimistes et nos distillateurs, et c'est un motif pour éviter, même dans l'intérêt sanitaire, d'admettre ces préparations faites à l'étranger.

Les principales sont :

L'eau végéto-minérale ; c'est une dissolution du sel de Saturne dans l'eau et l'eau-de-vie.

L'eau de luce ; c'est un mélange d'amoniaque, liquide avec l'huile volatile du succin.

L'eau styptique ; c'est une dissolution de vitriol, d'alun brûlé et de sucre candi.

Eaux minérales. Ce sont des eaux qui, passant sur des terrains remplis de minéraux et de sel, s'imprègnent de substances sulphureuses, métalliques, gazeuses ou alkalines.

Ces eaux ont différentes propriétés, d'une première utilité en médecine.

Le sol de la France renferme beaucoup de ces eaux minérales.

Écaille d'ablette. L'ablette ou able est un petit poisson dont l'écaille est vive et extrêmement argentée ; on l'emploie à donner du brillant aux perles : objet de curiosité et de luxe.

Écailles de tortues. Il y a des tortues de beaucoup d'espèces et très-différentes de grandeur.

Il y en a d'ailleurs de trois sortes, celles de mer, de terre et de rivière.

Celles que l'on voit dans le commerce, sont le caret, le kocomenne et la tortue franche.

La plus estimée est le caret, qui se trouve dans les mers de la Zone-Torride.

L'écaille de tortue est une matière première, employée pour fabriquer des peignes, des boîtes et autres objets de tabletteries, mais de luxe et de fantaisie.

ECARLATE (Graine d'). *Voy.* Alkermès.

ECHALAS. *Voyez* Bois.

ECORCE de câprier. *Voy.* Câprier.

Comme drogue, elle est utile en médecine par ses vertus résolutives et diurétiques.

Elle est considérée comme secondaire.

ECORCES de citron et d'orange. Ce sont les peaux des fruits ; elles servent à différens usages.

On en extrait par distillation des huiles et essences.

On en fait aussi des confitures : leur utilité n'est que secondaire.

ECORCES de chêne et autres à faire tan : matière première utile aux tanneurs.

ECORCE de coutilawan. Le coutilawan est un arbre aromatique des Moluques, son écorce est employée par les distillateurs et confiseurs, et ne peut être considérée que comme objet de luxe.

Ecorce de gayac. Le bois de gayac se trouve placé avec tous les bois en général. Son écorce est difficile à rompre, grise par dessus, blanchâtre en dedans, d'un goût amer et assez désagréable. Ses vertus sont sudorifiques et dépuratives : étant d'un fréquent usage en médecine, elle doit être rangée dans la classe des objets de première nécessité.

Ecorce de mandragore ou faux genseng. Le mandragore est un arbre qui croît en Tartarie ; son écorce a une saveur âcre, un peu gluante, amère, et cause des nausées : elle est narcotique. De nécessité secondaire.

Ecorce de scavisson. Elle est épaisse et d'un jaune foncé ; son odeur approche de celle de la canelle. On croit même que c'est l'écorce du vieux cannelier.

Elle n'est d'usage que pour la parfumerie, et doit être ainsi considérée comme objet de luxe. On l'apporte des Indes roulée en petits rouleaux.

Ecorce de simarouba. Le simarouba croît dans les colonies : l'écorce est d'un blanc jaunâtre, sans odeur, d'un goût un peu amer : ses propriétés sont toniques et astringentes. Elle est considérée en médecine comme secondaire.

9*

ECORCE de tamarys. Cette écorce est épaisse et amère. *V.* bois de tamarys.

ECORCE de tilleul pour cordages. C'est la seconde écorce du tilleul que l'on emploie à faire des cordages : elle est d'un jaune blanchâtre et très-flexible.

Elle est matière première, mais de nécessité secondaire.

ECORCE d'orme pyramidal. Plante indigène et exotique. C'est la seconde écorce de cet arbre que l'on emploie. Ses vertus sont astringentes, fortifiantes et diurétiques : nécessité secondaire.

ECOSSINE. C'est le nom donné à un marbre qui se trouve en Belgique. *V.* marbres.

EDERDON ou Edredon. C'est le duvet qui couvre l'estomac d'une oie, appelée *eider*, qui existe dans les mers du Nord.

Ce duvet est très-doux, très-moelleux, fort léger et fort chaud. Celui de première qualité, qui se prend dans le nid des oiseaux, est mêlé de paille et de fiente des petits. Il sert uniquement à faire des meubles de luxe.

ELLEBORE noir ou blanc (plante indigène et exotique). On connaît en médecine deux plantes de ce nom, la blanche et la noire. C'est la racine dont on fait usage : celle de l'ellébore noir est noueuse; il sort de son sommet un grand nombre de fibres serrées , noires en dehors, blanches ou grises en dedans, d'un goût âcre, un peu amer , désagréable, et qui cause des nausées. Leurs vertus sont les mêmes, purgatives , émétiques et stermitatoires. Nécessité secondaire.

EMAIL brut et blanc. C'est une préparation de verres , de sels et de métaux, qui sert particulièrement à couvrir la porcelaine et la fayence.

Il est apporté de l'étranger en petits pains ; on les réduit en poudre pour les employer.

Matière première pour les fabriques.

EMERAUDES. C'est un minéral qui vient d'Amérique. Il est rangé dans la classe des pierres fines; sa couleur est verte et transparente. Objet de curiosité.

EMERIL en poudre et en grains. Minéral composé de silice et de fer.

Il y a trois espèces d'émeril; c'est de celui de fer dont on fait un usage habituel chez les ouvriers en fer et en acier; il est gris , un peu rougeâtre, très-dur et très-difficile à pulvériser.

Matière première , utile à la fabrication des glaces et à la taille des pierres précieuses.

EMÉTIQUE. *V.* Antimoine.

ENCENS commun ou galipot. C'est une résine plus ou moins dure qui découle du pin et du térébenthe , et qui a l'odeur de la résine ou de la térébenthine : on l'appelle aussi barras.

Matière première, qui, préparée, devient utile à la marine comme résine.

ENCENS FIN ou oliban. Produit d'un arbre qui croît dans les Indes.

Il est, en Arabie, en larmes blanches, un peu dorées, d'un goût amer et désagréable. Il est employé comme parfum ; il est peu utile en médecine, et ne doit être considéré que comme objet de luxe.

ENGRAIS de toutes sortes pour fumier. On entend par engrais tous les fumiers d'animaux, la fiente de pigeon, que l'on nomme quelquefois colombine ; les marnes, les cendres de houille, de bois à brûler et de tourbes.

Première nécessité pour l'agriculture.

EPINE-VINETTE. Arbrisseau épineux qui croît en Europe : il est assez commun en France. Son bois, son écorce et ses racines sont jaunâtres ; il est employé avec succès dans la teinture. Son fruit, qui se forme en petites grappes, sert à faire un sirop dont la vertu est rafraîchissante. On en fait aussi des confitures. Nécessité secondaire.

EPITHYMES ou cuscutes. Plante indigène. Espèce de filamens rougeâtres et jaunâtres, d'une plante qui n'a point de feuilles ; on l'appelle aussi épithymbre, angoure de lin, épimarrube, ou épilavande.

Ses vertus sont stimulantes et apéritives : né-cessité secondaire.

EPONGES. C'est une substance qui tient de la nature des mousses. Elle croît dans la mer et principalement autour des îles de l'Archipel.

Elles sont blondes, légères et forment des trous plus ou moins grands.

On en distingue de deux espèces dans le com-merce, les fines et les communes.

L'éponge est employée par la médecine, son usage habituel est d'ailleurs bien connu. Né-cessité secondaire.

ESCAJOLLES. Graine qui vient du Levant, qui ne sert qu'à la nourriture des serins et oiseaux.

ESCARGOT. C'est un coquillage terrestre de même espèce que le limaçon ; il s'appelle aussi hélice des vignes, parce qu'il se trouve princi-palement dans les vignes.

Quoique ce coquillage soit assez abondant en France, il en vient beaucoup d'Italie.

La médecine emploie avec succès l'animal renfermé dans la coquille pour des bouillons et des sirops pectoraux. On en fait aussi usage comme comestible : nécessité secondaire.

ESCAVISSON. C'est une espèce de canelle. V. Canelle.

ESCOURGEON. C'est une espèce d'orge utile à

la fabrication de la bière : objet de première nécessité.

ESPRITS et ESSENCES. On entend par ces mots les résultats de différentes opérations chimiques qui consistent dans la manière d'extraire par distillation les sucs, les parfums, les sels, les huiles et les vertus de différentes substances.

On peut extraire de l'esprit ou de l'essence de toutes les substances terrestres ; nous ne présenterons ici que la nomenclature de ceux qui sont les plus connus dans le commerce , et nous distinguerons autant que possible ce qu'on appelle esprit de ce qu'on nomme essence.

ESPRIT DE NITRE. *V*. Eau forte.

ESPRIT DE SEL, ou acide muriatique. Liqueur d'un jaune d'ambre , très-corrosive, d'un goût acide et pénétrant.

C'est le sel marin distillé avec l'acide sulphurique. Il est employé en médecine comme diurétique.

ESPRIT DE SOUFRE. Il y en a de deux espèces : l'un clair comme de l'eau et d'une acidité agréable ; l'autre d'un jaune doré et d'une odeur si forte , qu'elle est insupportable.

V. aigre de vitriol et soufre.

ESPRIT DE TÉRÉBENTHINE. C'est le résultat de la distillation de la térébenthine. C'est une liqueur claire, d'une odeur forte et pénétrante, mais qui se dissipe promptement. On l'appelle plus communément essence.

Les peintres à l'huile s'en servent pour rendre leurs couleurs plus coulantes et les faire sécher promptement.

ESPRIT-DE-VIN. C'est une distillation de l'eau-de-vie. Les chimistes lui donnent le nom d'alkool.

ESPRIT OU ESSENCE DE GIROFLE. C'est le résultat de la distillation de clous de girofles concassés et infusés dans l'eau pendant un certain temps.

ESQUINE. V. squine.

ESSENCE ou quintessence d'anis. C'est une huile volatile qu'on se procure par la distillation de l'anis vert; elle est claire et transparente; elle est utile en médecine.

ESSENCE de canelle. C'est une huile volatile produite par la distillation de l'écorce de canelle. La rareté et la cherté de la canelle font qu'on ne fabrique pas cette essence en France.

Elle vient des Indes, elle a une couleur citrine; son odeur est très-suave.

Ses vertus sont fortifiantes et stomachiques.

ESSENCE de menthe. Huile extraite par la distillation de la menthe, plante qui croît en Sibérie, et que l'on cultive avec succès en France. Sa couleur est d'un jaune doré; ses vertus sont résolutives et stomachiques.

Essence de rose ou rhodium. C'est une huile extraite par distillation du bois de rose qui croît aux Canaries. Objet de luxe et de fantaisie.

Essence de romarin, et autres semblables. Ce sont des huiles tirées par distillation des fleurs et des feuilles des plantes.

Chaque espèce d'huile a sa vertu particulière. *Voy.* huiles.

ESSAYE. Plante qui croît aux Iles; sa racine, qui seule est connue dans le commerce, est intérieurement d'un rouge obscur et d'un goût approchant de celui du nitre; elle sert à la teinture en rouge : utilité secondaire.

ESTURGEON, poisson. C'est un poisson de mer : objet de première nécessité comme comestible.

ESULE. Racine médicinale (indigène qui croît dans les marais).

Il y en a de deux espèces, la grande et la petite. La racine de la grande est grosse et blanche, celle de la petite n'est que de la grosseur du petit doigt; elle est rouge, l'une et l'autre sont d'une saveur âcre : la grande s'appelle aussi turbith noir et bâtard, et thitimale des marais, et la petite est le thitimale des vignes.

Leurs vertus sont caustiques, vésicatoires et purgatives : nécessité secondaire.

ETAIN. C'est une production minérale ; elle est blanche et plus brillante que le plomb.

C'est le plus léger et le plus fusible des métaux.

Nous n'avons pas de mines d'étain en France, il en existe en Angleterre, en Bohême, en Saxe et dans les îles de Banca et Malaca.

Il nous est apporté en lingots, en saumons, en lames et en verges.

Ce métal est d'un usage très-multiplié dans les arts et regardé avec raison comme de première nécessité.

ETHIOPS, préparation chimique. C'est un mélange de mercure et de soufre.

Ethiops, minéral. C'est l'oxide du mercure sulphuré noir.

Ethiops martial. C'est l'oxide du fer noir.

Toutes les préparations chimiques doivent, dans l'intérêt sanitaire, être inadmissibles venant de l'étranger.

ETOUPES de chanvre et de lin. C'est le rebut du chanvre et du lin lorsqu'ils ont été peignés.

Il devient matière première pour la fabrication des toiles d'emballages, des cordages communs et pour le calfatage des vaisseaux.

EUPHORBE. Suc laiteux qui découle d'une plante qui croît en Afrique.

Il est en larmes, d'un jaune plus ou moins

foncé, sans odeur, mais d'un goût très-âcre; il est cuisant et cause des nausées; c'est un purgatif violent et de première nécessité en médecine.

EUPHRAISE (plante indigène). On en emploie les feuilles et la fleur. Les feuilles sont petites, veinées, luisantes et d'une saveur visqueuse et amère; la fleur représente un mufle.

Ses vertus sont astringentes; on en fait peu d'usage en médecine : utilité secondaire.

EXTRAIT de Saturne. C'est un sel extrait du plomb par un procédé chimique : on lui donne le nom d'acétate de plomb. Il est d'une grande utilité en médecine, mais sa préparation se fait en France.

ETRAIT de quinquina et autres. Ce sont différens médicamens composés, qui, dans l'intérêt général, ne peuvent pas être admis venant de l'étranger, et que d'ailleurs nos pharmaciens préparent pour les besoins de la médecine.

F

FABAGO (plante originaire de l'Istrie.)
Racine menue et serpentante dont la médecine fait usage comme vermifuge.

On la cultive dans les jardins pour ornement,

ses fleurs ont la forme d'une rose, elles sont petites et rouges.

Son utilité n'est que secondaire.

FAINES (graine.)

C'est le fruit du hêtre, arbre qui croît abondamment en Europe.

On en fait une huile blanche, bonne à manger.

Objet de première nécessité.

FÉCE ou lie d'huile.

C'est la matière qui se dépose au fond des
vaisseaux dans lesquels on fait reposer l'huile.

Elle s'emploie dans la fabrication du savon
commun ; mais la facilité que l'on a de faire
passer des huiles pour de la lie, doit s'opposer à
ce qu'on admette cette matière venant de l'étranger.

FANONS de Baleine.

C'est une des parties de l'animal.

On en extrait de l'huile. (*Voy. Baleine.*)

FARINE.

C'est le grain mis en poudre : elle est de première nécessité, comme comestible ; mais la
main d'œuvre qu'elle a reçue et dont se trouve
privée l'industrie française, doit la faire considérer comme secondaire.

FENASSES.

C'est le nom donné à une espèce de foin,

comme graine de pâturage, la fenasse est d'utilité première.

FENOUIL (graine ou semence de)

Plante indigène. Il y a plusieurs espèces de fenouil, mais on ne voit dans le commerce que les graines du fenouil commun, et celles du fenouil doux. Les graines du premier sont oblongues, arrondies, convexes, et cannelées d'un côté, applaties de l'autre, noirâtre, d'un goût âcre un peu fort ; on les vend pour de l'anis ou aneth ; les graines du fenouil doux sont beaucoup plus grandes, plus douces, et moins âcres.

Cette graine est plus d'usage dans la cuisine et chez les confiseurs, qu'en médecine.

Utilité secondaire.

FÉNUGRE.

Plante exotique qui croît dans l'Europe.

C'est la graine qu'on emploie ; elle a la forme d'un carré long échancré, elle est d'une odeur et d'un goût désagréable.

Ses vertus sont émollientes et laxatives.

Utilité secondaire.

FERRAILLES et vieux fer.

On les considère comme matière première, mais il est important de n'admettre comme telles que les ferrailles qui sont brisées, et ne pourraient servir sans avoir été remaniées à la forge.

FER. C'est un métal de première nécessité. La France possède des mines très-abondantes de ce métal, mais la matière extraite des mines de Suède est plus estimée.

C'est après l'etain le plus léger des métaux ; l'utilité du fer est universelle.

Il y a différentes manières de le préparer avant de le mettre en œuvre ; nous allons les indiquer successivement.

1°. Fer en gueuse.

C'est le fer dans son premier état de fusion en gros lingot qui n'a pas été martelé.

C'est là véritablement, la matière première.

FER en barre.

C'est la seconde main d'œuvre, elle consiste à rendre le fer maniable sous les gros marteaux de forges, et à le façonner en barres longues et carrées.

FER en verges, feuillards, carillons, rondins.

C'est une troisième main d'œuvre.

Ces trois espèces de fer sont toujours considérés comme matières premières, mais ceux venant de l'étranger ne peuvent être considérés que d'une utilité secondaire, parce qu'on doit donner toute faveur à l'exploitation de nos mines.

Les fers en verges sont longs ou très-applatis ; les fers feuillards sont encore plus applatis, et les carrillons et rondins sont minces, étroits et carrés, ou ronds.

FERS en planches ou tôles.

C'est une autre main d'œuvre donné au fer déjà mis en barres, cette préparation se donne soit par le martelage, soit par l'effet des cylindres.

Cette espèce de fer se fabrique dans les usines françaises, avec un grand succès et l'intérêt de notre industrie demande que les fers en planches et tôles, soient rangés dans la troisième classe.

FERS (fils de.)

Ce sont des fers qui après avoir reçu les premières préparations sont tirés en fils dans des filières plus ou moins grosses.

Cette fabrication doit être conservée toute entière à nos usines.

FERRET d'Espagne.

On donne ce nom dans le commerce, à l'hématite dure.

C'est un minéral en forme de pierres rougeâtres qui entre dans quelques compositions médicinales, et dont les doreurs se servent pour polir l'or en feuilles, et pour brunir l'or et l'argent.

Il est considéré comme utilité secondaire.

FEUILLES de myrthe, de houx, de laurier.

Ces feuilles sont d'un odeur forte et d'une saveur âcre , elles sont employées dans la teinture comme matière première.

FEUILLES de lierre (indigène et exotique).

Elles sont fermes , lisses , luisantes , d'un vert foncé, elles ont une saveur âcre et une vertu astringente.

Elles sont de nécessité secondaire en médecine.

FÈVES de Saint Ignace.

C'est le fruit d'un arbre qui croît aux îles philippines.

C'est un noyau arrondi , inégal , noueux , dur, d'une substance qui ressemble à la corne , très-amer , de couleur blanche et verdâtre ; on l'appelle aussi igascer , mananaag, et cathologon.

C'est une noix vomique, et un poison narcotique , et de nécessité secondaire en médecine.

FÈVES et févroles.

Ce sont des graines, qui , rangées dans la classe des légumes , forment un comestible de première nécessité.

FIGUES.

C'est le fruit du figuier, on en fait un usage fréquent , comme comestible de fantaisie.

Il est d'ailleurs utile en médecine.

FLEURS de soufre. (*V. soufre.*)

FLEURS de violettes , de pêches et de romarin.

C'est la fleur desséchée de ces plantes pour l'usage de la médecine.

Flin.

C'est une pierre naturelle, qui paraît être du minéral fondu.

Elle contient du soufre et du fer: elle est de couleur brune.

Elle est employée par les fourbisseurs pour le polissage de leurs ouvrages.

Folium gariofilatum, ou feuilles de girofle.

C'est la feuille du guafflier, qui croît aux Indes.

Elle ressemble à celles du laurier, mais en diffère par l'odeur.

Ses vertus sont fortifiantes et échauffantes: nécessité secondaire.

Folium indicum ou indum. C'est la feuille d'un laurier qui croît aux indes : elle est ovale, pointue, de la longueur de trois à quatre pouces.

Ses vertus cordiales et stomachiques sont reconnues dans la médecine, où elle est admise comme nécessité secondaire.

Follicules de sené. V. Sené.

Fourrures. V. Pelleteries.

Fraises et framboises. Fruit qui a beaucoup de goût et qui se sert sur les tables.

Objet de fantaisie.

Fromage. C'est la partie caseuse du lait qu'on

met dans différens moules percés pour faire
égoutter le petit lait ; et quand elle a pris une
certaine consistance, elle forme ce qu'on appelle
le fromage qui constitue un comestible d'un
usage universel.

Le commerce du fromage est en France une
branche essentielle de l'agriculture.

FROMENT. C'est l'espèce de blé la plus recherchée pour la fabrication du pain : comestible de première nécessité.

FUMIERS. *V.* engrais.

FRUITS de toute espèce. Tous les fruits sont
utiles pour nos alimens. On les distingue en
fruits crus ou verts, et fruits secs ou confits.

Les derniers sont plutôt objet de fantaisie et
de friandise.

FUSTEL (Feuilles et branches de). Arbrisseau
qui croît dans le midi de l'Europe.

Ses feuilles sont ovales et arrondies par le
bout, le bois, qui est jaune, s'emploie dans
l'ébénisterie et la teinturerie : nécessité secondaire.

FUSTICK. C'est un bois jaune qui vient des
Isles, et qui devient matière première pour les
teinturiers.

G

GALANGA mineur et majeur (plante médicinale). Ce sont deux racines repliées et recourbées comme par articulations, de distance en
distance, qui viennent des Indes. La majeure
a une odeur aromatique et d'un goût âcre de
poivre et un peu amer; le goût et l'odeur du
mineur sont bien plus vifs et plus aromatiques :
sa saveur tient du poivre et du gingembre ; son
véritable nom est galanga.

Leurs vertus sont chaudes et stomachiques,
la médecine les considère comme nécessité secondaire.

GALBANUM. Plante qui croît en Syrie, en
Perse et en Afrique.

On en extrait une gomme résineuse qui a une
odeur forte.

Sa saveur est amère et ses vertus sont matura-
tives et emménagogues.

La médecine en fait un grand usage, et le
regarde comme de première utilité.

GALÈNE. C'est la mine de plomb, espèce de
piryte composée de chaux de plomb et d'acides
mêlés au feu. (*V*. Alquifoux.)

GALIPOT. Ce n'est autre chose que l'encens
labnc· (*V*. ce mot.)

GALLE (Noix de). C'est une excroissance qui vient sur le chêne, et principalement sur une espèce qui croît dans l'Asie mineure.

Elle a la forme d'une noix, de la grosseur d'un pouce.

Sa saveur est styptique, ses propriétés sont astringentes. On l'emploie principalement pour la teinture noire et l'encre à écrire.

Elle est considérée de première utilité.

GALLIUM blanc et jaune (plante indigène). On emploie la tige et les racines de ces deux plantes, qui sont différenciées par la couleur de leurs fleurs. Les feuilles en sont arrangées en rayons autour des nœuds de la plante. On les appelle aussi caille-lait, petite garenne et petit muguet.

Leurs vertus sont astringentes et anti-spasmodiques; mais la médecine en fait peu d'usage. On ne considère ces plantes que de troisième classe.

GALONS vieux. On comprend sous cette dénomination les galons, dentelles, franges, étoffes d'or et d'argent hors d'état de servir, et dont on ne peut tirer parti qu'en les brûlant, et par ces motifs, ils sont considérés comme matière première.

GARENCE. Plante qui nous vient de la Zélande, du Levant, d'Avignon et d'Alsace.

Il y a plusieurs espèces de garence : c'est la racine de cette plante qu'on emploie dans la teinturerie : elle est longue, rampante, de la grosseur d'un tuyau de plume, ligneuse, rougeâtre, et a un goût astringent ; on appelle garence verte celle qui est nouvellement tirée de la terre.

Cette plante a aussi les vertus apéritives et fortifiantes, et s'emploie dans la médecine pour les maladies du foie et du poumon.

Sous ce double rapport, elle est considérée comme matière première et de première utilité.

GARENCE sèche en racine, ou alisari. C'est la même que la précédente desséchée. On appelle cependant particulièrement alisari la garence sèche qui vient du Levant.

GARENCE moulue. C'est la précédente racine réduite en poudre ; elle est d'un rouge orangé.

La main d'œuvre qu'elle a reçue la range dans la seconde classe.

GAROU et Garouille. Plante indigène dont l'écorce a différentes propriétés en médecine. Ce n'est que l'écorce de cette plante dont on fait usage comme corrosive et caustique.

GAUDE. Plante qui croît sans culture le long des chemins et sur les murailles ; ses fleurs sont jaunes.

On emploie les tiges dans la teinture.

Elles ont trois ou quatre pieds de haut ; elles
sont garnies de feuilles, longues, étroites, douces au toucher. La médecine fait usage de la racine comme apéritive : matière de première nécessité pour la teinture.

GENESTROLE (plante indigène.) Plante her-
beuse qui ressemble au genêt dont elle est la
plus petite espèce ; on l'emploie à la teinture,
et sa graine est considérée en médecine comme
détersive et diurétique : nécesssité secondaire.

GENJOLE. Fruit peu connu et de fantaisie.

GENIÈVRE. Arbuste qui croît abondamment
en France. C'est la graine dont on fait usage
comme stomachique, diurétique et carminative.

On en compose un élixir et une liqueur qui
sont utiles pour fortifier l'estomac et guérir les
coliques venteuses et les obstructions.

GENIÈVRE (Eau-de-vie de). On donne ce nom à
une liqueur résultante de la distillation d'une eau
de grain dans laquelle on mélange la graine de
genièvre. Cette liqueur est très en usage chez les
peuples du Nord, mais l'intérêt de l'agriculture
demande que ces fabrications ne soient point fa-
vorisées en France.

GÉNISSES. On donne ce nom aux jeunes vaches,
(*Voy*. Vaches.)

GENS-ENG (plante médicinale). Cette plante

croît dans la Tartarie. C'est la racine qu'on emploie, elle est de la grosseur du petit doigt, raboteuse, brillante et comme demi-transparente, roussâtre en dehors et jaunâtre en dedans, légèrement âcre, un peu amère ; le goût et l'odeur en sont aromatiques.

Les Asiatiques et les Chinois en font un grand cas et la considèrent comme une panacée universelle.

Ses vertus sont stimulantes : la médecine en fait assez d'usage pour la regarder comme secondaire.

GENTIANE (plante indigène et exotique). Il y en a de plusieurs espèces ; mais c'est la racine de la grande que l'on emploie en médecine ; elle est grosse comme le poignet, fort amère, brune en dehors et d'un jaune roussâtre en dedans.

Ses vertus sont toniques, stomachiques, vermifuges et fébrifuges.

Sous ce rapport, elle est de première utilité.

GIRASOLE ou argentine. C'est une pierre précieuse, plus dure que l'opale, elle est d'un blanc laiteux avec une teinte de bleu et de jaune.

On connaît la girasole orientale et la girasole occidentale : l'une vient de l'Asie, l'autre de Bohême et de Hongrie : objet de curiosité.

GIROFLE (Clous de). Le giroflier est un arbre qui croît aux îles Moluques.

Ce qu'on appelle clous de girofle, ce sont les ovaires surmontés du calice de la fleur du giroflier : on en fait un usage fréquent et exclusif dans la préparation de nos alimens, et sous ce rapport, on doit le ranger dans la troisième classe comme objet de goût et de fantaisie.

GINGEMBRE. C'est une espèce d'amome qui vient des Indes. On ne connaît dans le commerce que la racine qui est sèche, aplatie, longue et large comme le petit doigt, et résineuse : son écorce est grise, jaunâtre, l'intérieur d'un roux brun et d'un goût âcre brûlant et aromatique comme le poivre. Son odeur est forte et agréable.

Comme drogue employée à la cuisine, elle appartient à la troisième classe.

GLAYEUX ouvrés du pays (plante indigène). C'est la racine qu'on emploie ; elle a la forme d'un oignon, et son goût est fort âcre. On l'appelle aussi glayeul puant ou espatule.

Ses vertus, sous le rapport médicinal, sont émétiques et diurétiques.

La fleur sert à la préparation de la couleur vert d'Iris : nécessité secondaire.

GLU. Substance visqueuse, tenace, résineuse, qu'on tire de différens végétaux.

On s'en sert principalement pour prendre des oiseaux.

GOÉMON. C'est le nom d'une plante marine avec laquelle on fait des soudes, par le moyen de préparation chimique.

GOMMES et résines. Les gommes sont des substances mucilagineuses, sans odeur et sans saveur, qui ont différentes propriétés.

Les unes sont à l'usage des manufactures, les autres à l'usage de la médecine. Les résines sont de même nature ; mais il est à observer que les gommes se dissolvent dans l'eau, et les résines dans l'esprit-de-vin.

Les gommes et résines à l'usage des fabriques sont celles de cerisier, abricotier, pêcher, prunier, olivier et autres.

Ces gommes découlent naturellement de ces arbres, et ne sont en usage que pour la chapellerie.

Gommes de Bassora, arabique, turique, du Sénégal, etc. Ce sont des gommes transparentes et non des gommes résineuses : celle dite de Bassora vient du Levant; celle arabique découle de l'acacia qui croît en Afrique et en Egypte. La gomme dite turique, et celle du Sénégal, sont les mêmes. Ces gommes sont employées par les peintres.

La gomme copal est une résine dure, luisante, transparente et de couleur citrine : elle provient par incision du canistre, arbre qui croît dans l'île de Ceylan ; elle est odorante : on en fait usage pour les vernis. La gomme lacque est produite par un insecte qui vit sur le figuier et autres arbres de l'Indostan : on l'appelle sur bois lorsqu'elle est dans son état naturel avec les branches sur lesquelles elle a été attachée par la fourmie de visite dont elle est la ruche ; elle est colorée en rouge, plus ou moins, selon qu'elle contient plus ou moins de ces insectes ; celle dite en feuilles est la gomme lacque sur bois, fondue et roulée sur le marbre, où on l'aplatit.

Celle en graine est ce qui reste de plus grossier après qu'on en a tiré la teinture.

Son véritable emploi est pour les vernis.

GOMME guth. C'est une gomme résine qui vient des Indes ; elle sert dans la peinture pour faire un beau jaune, mais elle est aussi utile en médecine, comme purgative et diurétique.

GOMME élastique. Elle provient d'un arbre de la Guyane ; elle a cela de particulier, qu'elle est indissoluble. Elle arrive façonnée en bouteille, elle a la souplesse du cuir, et cette propriété a déterminé la médecine à l'employer pour faire des sondes ; les dessinateurs s'en servent pour effacer les traits du crayon.

GOMME d'acajou. Elle se tire par incision de l'acajou : fondue dans l'eau, elle tient lieu de colle et sert pour lustrer les meubles.

GOMMES ET RÉSINES à l'usage de la médecine et des parfumeurs.

Gomme adragante. Elle découle d'un arbuste qu'on trouve en Perse. Elle est apportée en morceaux de couleur blanchâtre, ressemblant à de la corne, et friables.

Les pharmaciens et les confiseurs l'emploient pour donner du corps aux pastilles, aux pilules, etc.

Ses vertus sont calmantes et rafraîchissantes.

Gomme animée. Elle provient d'un arbre qui croît au Brésil. Il y en a de deux espèces, celle d'Orient ressemble à la myrrhe, et répand une odeur agréable quand on la brûle; celle d'Occident ou de Courbaril est d'un blanc citrin, transparent, d'une odeur très-agréable; elle se consume facilement, i est aisé de la confondre avec la gomme copal; ses propriétés sont vulnéraires, on les emploie aussi pour les vernis.

Gomme de pierre. Elle vient du Levant, elle est extraite du lierre par incision; elle est rougeâtre, à peine demi-transparente, d'un goût âcre et aromatique : elle est sans odeur; mais lorsqu'on l'approche du feu, elle en répand une très-agréable : elle est regardée comme vulnéraire.

Celle du hèdre, appelé en latin *hedera*, est de même espèce.

Celle de forcolle, ou plutôt farcocolle, est composée de grumaux ressemblant à des miettes blanchâtres ou rougeâtres, spongieuses, quelquefois friables et très-brillantes : elle se fond dans l'eau et s'enflamme avec éclat.

Gomme de cèdre. Elle est produite par le cèdre, arbre des Indes.

Il y en a en forme de grains, elle s'appelle cedria. On appelle dans le commerce gomme de cèdre celle qui est en stalactites, elles sont grenues, friables et de couleur jaunâtre : sa propriété en médecine n'est pas bien reconnue.

Gomme de Gayac. La gomme de Gayac est une résine luisante, transparente, brune en dehors, blanchâtre en dedans, tantôt roussâtre, tantôt verdâtre, d'une odeur agréable quand on la brûle, et d'un goût âcre; elle est extraite par incision du bois de Gayac; sa vertu est sudorifique et dépurative.

Gomme kino. Elle est extraite par incision d'un arbre qui croît en Afrique.

Elle vient en morceaux, dure, d'un rouge noirâtre, se brisant facilement.

Sa saveur, d'abord astringente, devient douce. Ses vertus sont fortifiantes.

Gomme oppoponax. Elle est extraite d'une espèce de panais qui croît dans l'Europe méridionale; c'est un suc gommo-résineux, grumeleux, gros, cependant friable, amer et âcre, d'une odeur de fenugrée, excitant des nausées.

On l'emploie dans la médecine comme résolutif et emménagogue.

GOMME sagapanum, seraphinum ou secaphique taccamaca. Gomme résine; elle découle d'une plante qui vient de Perse et d'Alexandrie. Elle est roussâtre en dehors et d'une couleur de corne au-dedans, mollasse, blanchissant sous la dent, d'un goût âcre et d'une odeur pénétrante; on l'appelle aussi gomme sagapin ou gomme séraphique. Elle est employée en médecine comme anti-spasmodique et résolutive.

GOMME TACCAMAKACA.

Elle est extraite par incision du Fagara Ortandra, arbre qui croît à Caracao; il y en a qui découle naturellement. Cette dernière est en larmes demi-diaphanes et d'un jaune verdâtre; la première est solide et peu transparente; ses vertus sont vulnéraires, fortifiantes et résolutives.

GOMME CARAGUE.

Substance qui découle d'un arbre qui croît dans la nouvelle Espagne.

Elle est d'une saveur âcre et amère, d'une odeur douce et aromatique.

Elle a la propriété de résoudre et de déterger les plaies.

GOMME AMMONIAQUE.

Elle est produite par une plante qui croît dans le royaume de Barca.

Elle est d'une saveur d'abord douce , ensuite amère; son odeur est pénétrante et souvent très-puante , elle se fond dans l'eau chaude et s'emflamme sur les charbons; ses vertus sont anti-spasmodiques, résolutives et désobstruantes.

GOMME ÉLÉMI.

C'est un résine qui découle d'une espèce de balzanier arbre d'Amérique.

Il y en a de deux sortes ; la vraie qui est jaunâtre ou d'un blanc qui tire un peu sur le vert , solide extérieurement sans être absolument sèche , elle a une odeur forte de fenouil, elle est en rouleaux pesant deux livres.

La bâtarde , est une résine blanche, jaunâtre , elle ressemble à la résine du pin.

Elles sont utiles en médecine comme stimulantes, vulnéraires et résolutives.

GORGES DE RENARD (*V. pelleteries.*)

GOUDRON GOUDRAN OU GOUTRAN.

Substance noire, résineuse et liquide, qui est une préparation de la résine qui se trouve dans le pin : c'est la même chose que le bray gras (*V. ce mot.*)

GOURRE ou TAMARIN. (*V. tamarin.*)

GRABEAU ou POUSSE.

On donne ce nom au résidu des drogues, lorsqu'on en a séparé le meilleur.

GRAINES de jardin de toutes sortes.

On entend par ce mot toutes les graines destinées à produire les fourrages et à ensemencer les jardins potagers et d'agrément, sous toutes dénominations.

Objet de première nécessité.

GRAINE de lin, navette, rabette, Colzat, et autres propres à faire l'huile, dite graines grasses.

Il est aisé de reconnaître les graines propres à faire de l'huile : elles sont toutes plus ou moins graisseuses lorsqu'on les écrase.

GRAINE d'Avignon ou grainettes.

On donne ce nom à la graine du nerprun : c'est un arbuste qui croît aux environs d'Avignon.

Cette graine est d'un vert tirant sur le jaune, de la grosseur d'un grain de froment, d'un goût astringent et amer, et sert à teindre en jaune.

De première nécessité pour les teinturiers.

GRAINE de Palma-Christi.

Plante qui croît en Amérique ; les propriétés de la graine sont purgatives et vermifuges.

La graine de paradis est de la même espèce.

Objet secondaire.

GRAINS.

C'est le mot générique adapté à tous les blés.
(*V*. blés.)

GRAINE ver-à-soie.

C'est le nom que l'on donne aux œufs du ver-à-soie.

GRAISSES de toutes sortes.

Elles se trouvent comprises sous le nom de suifs. (*V*. ce mot.)

GRANIT.

On donne ce nom à une espèce de roche composée de fragmens de substances pierreuses, liées de manière à former un corps solide.

On s'en sert pour les constructions.

Matière première : objet de luxe.

GRAPHITE ou carbure de fer. (*V*. mine de plomb.)

GRAVELLE ou tartre de vin.

La gravelle est le résultat de la lie du vin ; elle est en pierre d'un blanc verdâtre ; son goût est salé et amer.

Le tartre de vin est blanc ou rouge : le premier est préféré ; le bon est épais, facile à casser et peu terreux.

La gravelle sert aux mêmes usages que la potasse.

GREMIL ou herbes aux perles, plante indigène.

Les graines sont dures, arrondies, luisantes, de la forme et de la couleur des perles.

On les dit apéritives, détersives et émolientes, elles sont peu employées en médecine ; objet de troisième classe.

GRENAT.

C'est une pierre fine qui nous est apportée de Syrie et du Prégu.

Il y en a de plusieurs espèces, les uns rouges, d'autres jaunâtres, d'autres d'un beau brun foncé.

On taille le grenat et on l'emploie pour faire des bijoux.

Objet de luxe et de curiosité.

GRENADE (écorce de grenade.)

Plante exotique et indigène.

C'est l'écorce de la grenade, fruit du grenadier ; elle est très astringente, on l'emploie dans la médecine et on s'en servirait avec un grand succès dans la corroierie si elle était plus commune : elle est jaune-rouge, ridée, épaisse comme du cuir, dure et casssante. Cette écorce s'appelle dans le commerce malicorium.

Son utilité n'est que secondaire.

GRÈS.

C'est une pierre ignescente employée pour le pavage des chemins ; on en forme des petites meules à aiguiser.

Objet de nécessité secondaire.

GROISEL ou verre cassé.

Ce sont les verres cassés de toutes espèces ; ils sont considérés comme matière première.

GROISON , production indigène.

C'est une sorte de pierre ou craie blanche réduite en poudre très-fine , qu'on emploie dans la parcheminerie.

GRUAUX.

On donne le nom de gruaux aux semences d'orges, d'avoine et autres grains qui sont dépouillés de leurs écorces.

Le gruaux est utilement employé par la médecine pour composer des tisannes ou des soupes.

Cette préparation se fait en France.

GUEDASSE.

C'est une espèce de potasse inférieure en qualité.

GUEDE.

C'est la plante dite *pastel.* (*V.* ce mot.)

GUI de chêne (plante indigène.)

Il est roussâtre en dessus , jaune-blanc en dedans : ses branches qui sont un vrai bois ont toutes une figure de soleil bien formée ; cette figure distingue le gui de chêne de tous les autres guis, qui sont en très-grand nombre.

On les dit bons pour hâter la supuration des abcès.

Nécessité secondaire.

GUIMAUVE (fleurs et racine de.)

11 *

Plante indigène et exotique : les fleurs sont d'un blanc purpurin et formé en cloches , divisées en cinq parties ; ses racines sont blanches, grosses comme le pouce ; le cœur en est ligneux et de la nature d'une corde ; c'est une des cinq racines émolientes ; elle est utile et nécessaire en médecine.

GYPSE , espèce de gros talck.

C'est une pierre ou blanche ou rousseâtre, ou grise , plus ou moins crystalisée ; quelquesfois claire , quelques fois terne ; il est brillant intérieurement et toujours rude au toucher ; il est si tendre qu'on peut facilement l'écraser : on s'en sert pour faire les plâtres. (*V. plâtre.*)

H

HARENGS. Le hareng est un poisson de mer d'une grande consommation ; on le conserve par salaison.

Il est comme comestible de première nécessité ; cependant l'intérêt de la pêche française veut qu'on n'admette pas celui qui vient de la pêche étrangère.

HARICOTS. C'est un légume qui croît partout, qui est de première nécessité comme comestible.

HÉLIOTROPE. On donne ce nom à deux plantes, l'une odorante qui vient du Pérou, et n'est utile que pour l'ornement des jardins : objet de luxe ou de fantaisie.

L'autre croît partout ; c'est une plante qui s'élève à six ou huit pouces : ses feuilles sont amères, résolutives et détersives.

Il est de nécessité secondaire en médecine.

HÉMATITE. C'est une pierre ferrugineuse qui varie de couleur, déjà décrite sous le nom de ferret.

HERBE de maroquin. C'est un arbrisseau qui croît dans les départemens du Midi et dans le Levant ; ses feuilles ressemblent à celles du myrthe et sont trois ou quatre fois plus grandes. C'est le redoul ou redon : on l'emploie réduit en poudre dans la préparation du maroquin et dans la teinture des étoffes.

Cependant il n'est que de nécessité secondaire.

HERBE jaune. *V.* Gaude.

HERMODATE, production des Indes. On ne nous apporte que sa racine.

Espèce de bulbe ; elle est dure, triangulaire, ou représentant un cœur coupé par le milieu, aplatie d'un côté, relevée en bosse de l'autre ; elle est jaunâtre en dehors, blanche en dedans ; elle se réduit facilement en poudre.

C'est un poison des plus violens et de nécessité secondaire en médecine.

HOMARDS. C'est un poisson de mer qui a la forme de l'écrevisse, mais est beaucoup plus gros ; c'est un comestible fort recherché et considéré, sous ce rapport, comme première nécessité.

HOUBLON. C'est une plante indigène qui se cultive plus abondamment dans le nord de la France.

Ses épis s'emploient à la fabrication de la bière. On les appelle souvent, mais improprement, fleurs ; celui qu'on voit dans le commerce a été séché dans le four : il est ordinairement en grands sacs et ressemble à de grandes graines d'ormes : il a une odeur assez forte.

Le houblon est de première nécessité.

HOUILLE. La houille est une espèce de charbon de terre, et est rangée dans la même classe.

Elle provient également de mines ; et est employée comme combustible.

HUILES. On donne ce nom à des substances grasses, onctueuses et fluides.

On distingue trois espèces d'huiles, celles animales, végétales et minérales.

L'huile animale s'extrait des graisses de différens animaux.

Les huiles végétales sont extraites des graines, des semences, et des fruits, par la pression; d'autres sont extraites des fleurs et des plantes, par la distillation.

Les huiles minérales se trouvent dans le sein de la terre et découlent quelquefois des rochers, ou sont extraites par distillation des bitumes et des substances fossiles.

Nous allons présenter la nomenclature de celles qui sont connues dans le commerce.

Huiles à usage de la médecine et des parfumeries, savoir :

Huile d'ambre. C'est l'huile essentielle de l'ambre gris ; son odeur forte la fait aisément reconnaître : elle est utilement employée en médecine; mais comme matière préparée, celle venant de l'étranger n'est que secondaire.

Huile d'ambre jaune (dit karabé ou succin karabé).

C'est une huile qui s'extrait par distillation de l'ambre jaune ; elle est antispasmodique, sudorifique et diurétique.

Elle doit être rangée dans la même classe que l'huile de l'ambre gris.

Huile d'asphaltum. Elle est extraite de l'asphalt ou bois de rose, dont elle a l'odeur : elle est très-pénétrante.

Le nom d'asphaltum qu'on lui donne semble indiquer, mais à tort, l'huile de pétrole, qui est très-commune, de mauvaise odeur et de peu de valeur : cette huile a des vertus fortifiantes et résolutives.

Huile d'anis ou de fenouil. C'est l'huile essentielle extraite par distillation des graines d'anis et de fenouil.

Elle est verdâtre, odorante, agréable au goût et d'une bonne odeur : elle se fige aisément. On s'en sert dans les douleurs de rhumatisme.

Huile d'aspic. C'est l'huile essentielle de la lavande : elle est fort inflammable et d'une odeur pénétrante ; ses vertus sont résolutives et toniques. Elle est aussi employée par les peintres en émail.

Huile de cacao ou beurre de cacao. C'est la consistance de beurre que prend l'huile essentielle de cacao, qui lui a fait donner ce nom ; elle est d'une saveur douce, sans odeur, et sa couleur est soufre clair.

Cette huile est utile dans les maladies de poitrine.

Ces huiles se fabriquent en France.

Huile de citron et d'orange. C'est une huile essentielle extraite de ces fruits par l'expression du seste de l'écorce, elle en a l'odeur ; celle de citron est verdâtre et claire, celle de l'oranger est de couleur dorée et d'une odeur forte.

Huiles de jasmin, roses, et autres fleurs. Ce sont des huiles essentielles extraites par la distillation, qu'on reconnaît aussi à leur odeur. Elles ne sont employées que par les parfumeurs comme objet de luxe ou de fantaisie.

Huile de cade, de cédria et d'oxicèdre. L'huile de cade est l'huile essentielle de la résine du grand genévrier; celles de cédria et d'oxicèdre sont aussi extraites de la racine du grand et petit cèdre.

On n'en a fait ici qu'un seul article, parce que ces trois huiles se vendent dans le commerce sous les mêmes noms : elles diffèrent cependant par la couleur, mais elles ont les mêmes vertus et sont employées pour guérir la galle et les ulcères des chevaux.

Huile de canelle. C'est une huile essentielle; elle a l'odeur et le goût piquant de la canelle; elle est claire et rougeâtre : elle diffère de l'essence, en ce que celle-ci, extraite d'elle-même, est d'un rouge plus foncé, et d'une odeur et d'une saveur beaucoup plus forte.

Objet de nécessité très-secondaire.

Huile de Gayac. Elle est empyreumatique et fort âcre; on l'extrait du bois de gayac par la distillation. Elle s'enflamme lorsqu'on la mêle avec l'esprit de nitre : elle a les vertus du gayac.

Huile de girofle. Elle s'extrait par expression ou par distillation.

Elle est d'un blanc doré lorsqu'elle est vieille; son odeur la fait aisément reconnaître : d'ailleurs, en la versant sur l'eau, elle va au fond; ses vertus sont stimulantes et stomachiques.

Huile de gland. Elle est extraite du gland de chêne de Virginie : on la connaît peu en France.

Huile de genièvre ou sandarac. C'est l'huile d'oxicèdre ou cédria, décrite plus haut.

Huile de macis. Cette huile est de la consistance du suif et a le goût de la noix muscade, dont le macis est l'enveloppe; elle est d'un jaune doré, d'une odeur suave; ses vertus sont stimulantes et carminatives.

Huile de marjolaine. Elle est d'une odeur aromatique et très-agréable; elle est odoriférante et employée dans la parfumerie.

Huile de muscade. Elle ressemble beaucoup à celle du macis, mais elle est extraite de la noix même, au lieu que celle du macis l'est du brou de cette noix : elle est jaunâtre et très-odorante.

Ses vertus sont fortifiantes.

Huiles d'oliette ou pavot blanc. Elle est extraite de la graine blanche appelée oliette ou olivette ; elle est sans saveur ; elle ressemble si parfaitement à l'huile d'olive, qu'on la mêle très-souvent avec elle. On l'a long-temps regardée comme somnifère, et on n'en permettait l'entrée qu'en la mêlant avec la térébenthine. M. Turgot a détruit ce préjugé, et a autorisé la consommation de l'huile d'oliette sur un rapport de la faculté de médecine : elle est employée comme comestible et comme objet d'art utile aux peintres.

Huiles d'olives. Les huiles d'olives sont extraites du fruit de l'olivier par l'action du pressoir.

On en connaît de deux espèces ; l'une commune, qui sert aux manufactures, l'autre fine, qui devient un comestible et sert habituellement à la préparation de nos alimens.

Toutes deux proviennent de la même préparation, et ne diffèrent que par la qualité.

On en fabrique en abondance dans les départemens méridionaux.

La plus estimée est celle de Provence ; mais comme la France ne peut suffire à sa consommation, nous avons beaucoup d'huiles d'olives de la Sicile, du Levant, de l'Italie, de l'Espagne, etc. Dans l'intérêt de l'agriculture, on doit ranger les huiles d'olives venant de l'étranger dans la seconde classe des nécessités.

Huiles de graines. Ce sont les huiles extraites également par expression des graines de navettes, rabette, colzat, et autres graines grasses.

Ces huiles ne sont employées que dans la préparation des couleurs, des cuirs et pour l'éclairage, et ne doivent être considérées que comme secondaires venant de l'étranger, afin de favoriser en France la main d'œuvre de fabrication.

Huile de noix. C'est encore une huile végétale extraite du fruit du noyer; elle sert à l'éclairage et à la peinture. Dans les pays de la fabrication, on emploie la plus fine pour assaisonner les salades et pour les fritures.

L'huile de noix est rangée dans la même classe que les huiles grasses.

HUILE de cheval. C'est de la graisse de cheval en consistance d'huile, qui s'emploie aussi à brûler, et qui sert particulièrement à la lampe des émailleurs.

Elle se fabrique en France.

HUILE de palme. Elle se tire par décoction et par pression, de l'amande d'un palmier qui croît au Sénégal en Afrique.

Elle est douce, n'a ni mauvais goût ni mauvaise odeur, et est aussi transparente que l'huile d'olive : elle n'est que secondaire en médecine.

Huile de Palma-Christi. Elle se tire par expression du ricien ou faux café, plante qui croît dans les deux Indes.

On en fait usage dans les coliques néfrétiques ; les fièvres etc. : elle sert aussi pour l'éclairage.

Huile de pavot blanc. C'est la même que l'huile d'oliette.

Huile de pétrole. C'est une huile minérale qui découle des fentes de rochers ; elle est inflammable, au point de brûler sur l'eau : elle est d'un rouge brun, d'une odeur forte, d'un goût pénétrant et elle, exhale dans le feu une odeur fétide.

Elle est peu en usage en médecine.

Huile de pignons. Elle ressemble à celle d'amande douce dont elle a toutes les qualités. Le pignon est le fruit du pin ; ses vertus sont pectorales.

Huile de poisson. Cette huile est extraite principalement des baleines. Elle se fait par la cuisson du lard et de la graisse qui se réduisent ainsi en une huile fétide.

On en fait usage pour assouplir les cuirs et pour l'éclairage.

Elle nous est apportée par les vaisseaux qui

vont faire la pêche de la baleine : on la purifie
en France ; son utilité est secondaire.

Huile de rose. C'est l'essence de rose. *Voy.*
ce mot.

Huile de sassafra. C'est une huile essentielle ,
extraite par distillation , du laurier dit *sassafra*.
Son odeur tient de celle de la canelle ; elle
est forte et aromatique , ses vertus sont stimulantes et sudorifiques.

Huile de sauge. Elle est extraite par la
distillation de la plante de ce nom ; elle en a
l'odeur qui est agréable et aromatique.

Huile de soufre. C'est l'acide du soufre con-
centré , facile à reconnaître à son odeur.

Huile de tartre. Huile empyreumatique ,
épaisse et d'une couleur très foncée : c'est la potasse calcinée qui se convertit par l'humidité
de l'air , eu dissolution.

Huitres. Coquillage recherché des gour-
mands : on doit pour favoriser la pêche et la
navigation , refuser d'admettre les huîtres importées par d'autres que par les navires Français.

Hyacinthe. Petite pierre précieuse de la
grosseur d'un moyen grain de sel, assez tendre,
qui s'emploie dans la confection médicale qui
porte ce nom ; il y en a de trois especes , mais

celle soupe de lait est préférable. Cependant ,
on en vend de rougeâtres et de jaunes.

Les plus belles viennent de l'Arabie et de
Calicut.

Comme utile à la médecine elle a peu de
vertu : elle est plutôt considérée comme objet
de curiosité.

HYDROMEL. C'est une boisson composée
d'eau et de miel, ou de mélasse; on en fait
un usage assez fréquent dans le nord de la France;
mais on ne peut pas l'admettre venant de l'é-
tranger.

HYPOCISTIS. C'est une plante qui croît en
Barbarie et s'attache au ciste. (petit arbrisseau
qui donne le *laudanum.*)

L'hypocistis est d'une couleur jaunâtre et d'un
d'un bon goût ; son fruit est en forme de baie
ovale : on en extrait un suc qui s'épaissit en
masse noirâtre et auquel on attribue une vertu
artringente.

Son usage est peu fréquent en médecine et
sous ce rapport il appartient à la troisième classe.

I

INULA ou inula-campana. (*V. aulnée.*

IMPÉRATOIRE. Plante qui croît sur les Alpes
et les Pyrénées ; sa racine est oblongue , jaune
en dehors et blanche en dedans : elle est odorante.

Sa saveur est âcre et aromatique, ses vertus sont sudorifiques, céphaliques et stomachiques. Elle est de nécessité secondaire en médecine.

INDE PLATE. C'est une couleur factice résidu d'un mélange de bleu d'émail avec un peu d'indigo.

L'inde plate nous vient de Hollande; il s'emploie pour azurer le linge; mais nos chimistes fabriquent en France des bleus qui sont préférables, et l'inde plate ne peut plus être rangée que dans la troisième classe.

INDIGO. Couleur bleue tirant sur le violet et ayant quelquefois l'air d'avoir été frottée contre du cuivre : c'est une matière première et de première nécessité pour les peintres et les teinturiers.

C'est le résidu de la préparation des feuilles de l'indigotier, plante qui croît au Mexique et aux Indes.

On en distingue de plusieurs espèces suivant la qualité; celui qui vient du Mexique est le plus recherché : il se nomme *indigo flore*.

On a cherché à faire cette couleur avec des plantes indigènes; le gouvernement a donné des encouragemens; et déjà l'on est parvenu à fabriquer dans le midi un *indigo pastel*, qui, dans certains cas, peut remplacer l'indigo des

Indes ; mais jusqu'à ce que l'on soit parvenu à la perfection desirée, l'indigo des Indes doit être considéré comme matière première de première nécessité.

INDIQUE. C'est un mélange d'indigo, d'azur et d'autres couleurs.

Ces, mélanges pouvant se faire en France, l'indique venant de l'étranger n'est que matière secondaire.

INULA-CAMPANA. (*Voyez* Aulnée.)

IPÉCACUANHA. Ce sont les racines de cette plante qu'on emploie dans la médecine ; il y en a de trois espèces, celle de l'ipécacuanha brun est tortueuse, brune ou noirâtre en dehors, blanche en dedans, légèrement amère ; celle du gris est épaisse de deux ou trois lignes, d'un brun clair ou cendré, cassante et résineuse, d'un goût âcre et amer et d'une odeur faible ; la racine du blanc est ligneuse, et sans amertume. Les vertus de cette racine sont émétiques et la font considérer comme objet de première nécessité. Cette racine croît au Brésil.

IRIS. C'est une pierre formée par cristallisation ; elle est de couleur gris de lin et réfléchit les couleurs de l'arc-en-ciel.

Elle est rangée dans la classe des pierres fines, et comme telle considérée comme objet de curiosité.

12

Iris de Florence. Plante qui croît en Italie. C'est sa racine qu'on connaît dans le commerce.

Elle est en morceaux oblongs de la longueur du doigt , elle a une odeur de violette; sa saveur est un peu amère , ses vertus sont incisives et expectorantes, on en fait des pois à *cautères*. On l'emploie aussi pour parfumer la poudre à poudrer et le linge. Elle est de nécessité secondaire.

J

Ivoire. (*V. dents d'éléphans.*)

Jade. C'est une pierre verdâtre ; elle tient de l'agathe et est considérée comme pierre précieuse. Elle vient de l'Ile de Sumatra : objet de curiosité.

Jalap. (Plante qui croît au Mexique.)

Ce sont les racines de jalap qu'on voit dans le commerce. Elles sont ordinairement en grosses rouelles sèches , d'un gris noirâtre au dessus et d'un noir luisant au dedans. Elles sont résineuses , d'un goût âcre et assez désagréable. La vertu du jalap est purgative et sudorifique.

C'est une drogue médicinale d'un fréquent usage , et regardé comme nécessité secondaire.

On vend aussi une drogue appelée jalap , qui

est une résine liquide, blanche et gluante, extraite de la racine de jalap.

JASPE. Pierre précieuse de la nature de l'agathe : objet de curiosité.

JAUNE de Naples. C'est une couleur factice, résidu d'un mélange de céruse, d'antimoine, de sel amoniac et d'alun calciné.

Elle nous vient d'Italie, mais on peut la préparer en France, et par ce motif, celle étrangère ne doit être considérée que secondaire.

JAUNE minéral. C'est une couleur factice ; résultat de la combinaison du plomb et de l'acide muriatique.

Il nous vient de Hollande et d'Angleterre, mais on le fabrique aussi bien en France, et par ce motif, celui qui vient de l'étranger n'est que d'utilité secondaire.

JAYS ou Jayet. Minéral qui vient d'Espagne.

C'est une espèce de bitume fossile très-noir, qui a une consistance et une dureté suffisante pour être taillé et poli. Il s'enflamme dans le feu et y exhale une odeur très-forte.

Il sert à faire des colliers, des boucles d'oreilles et des ajustemens de deuil pour les femmes.

C'est un objet de luxe.

JONC. ODORANT.

12 *

JUNCUS ODORATUS, ou Squaenaute.

Plante qui croît en Arabie ; elle s'élève à la hauteur d'un pied ; c'est sa paille qu'on emploie et dont on tire une huile essentielle dont la vertu est stomachique et carminative.

Elle est apportée par Marseille en bottes.

Drogue médicinale de nécessité secondaire.

JUJUBE. C'est le fruit du jujubier, arbre qui croît en Grèce, mais qui est naturalisé en France.

Il a une vertu pectorale et stomachique. La médecine en fait assez d'usage pour le considérer comme secondaire.

KAMINE. mâle ou beurre de pierre.

On donne ce nom à une matière minérale de couleur jaunâtre formée dans les montagnes de Sibérie, d'un mélange d'argile, d'alun et de couperose ; elle a une odeur pénétrante, on s'en sert comme d'appât pour prendre le chevreuil : Objet de peu d'utilité.

KAOLIN. ou Feld-sphat. Minéral qui se trouve en France.

C'est une espèce d'argile, qui au moyen de différentes préparations devient une des principales matières pour la fabrication de la porcelaine.

Le plus estimé, est celui qui vient de Saint-Yriex près Limoges, dont la mine est très-abondante : c'est celui qu'on emploie à la manufacture de Sèvres : matière de première nécessité pour les fabriques.

KARI. On donne ce nom à une poudre d'épice préparée. On n'emploie le kari que dans la cuisine, et en raison de sa préparation, il ne doit pas être admis venant de l'étranger.

KIRCHENWASSER. Liqueur précieuse, extraite par distillation du fruit du merisier ou cerisier sauvage. Objet de fantaisie qui se fabrique avec succès en France.

KARABÉ. C'est l'ambre jaune. (*V*. ce mot).

KERMÈS. C'est le nom de l'insecte qui donne la couleur écarlate.

On en a déjà donné l'explication, sous le nom *alkermès*.

C'est un insecte qui naît dans le midi de la France, mais plus particulièrement en Espagne, sur un chêne nain nommé *avaon*.

On le recueille avec soin en mai et juin, dans des petits sacs de toile, et on en compose la couleur dite écarlate au moyen d'une infusion dans le vinaigre.

La couleur produite par les œufs de l'insecte est plus belle et plus estimée.

Les chimistes attribuent au kermès plus de qualité qu'à la cochenille, qui d'ailleurs, nous venant du Nouveau-Monde, n'est pas autant à notre portée.

Le kermès est de première nécessité pour nos teintures.

KINA. (*V.* quinquina.)

L

LABDANUM naturel.

C'est un arbrisseau qui croît dans les îles de l'Archipel.

La substance qui en découle est résineuse, molle, gluante, d'un gris noirâtre, inflammable, d'un goût âcre et d'une odeur agréable : Elle est en pains tortillés, durs, fragiles, s'amollissant cependant à la chaleur, et d'une odeur faible.

Ses vertus sont fortifiantes et résolutives ; mais son usage étant peu fréquent, en médecine, elle n'est considérée que secondaire.

LABDANUM purifié.

C'est la même substance qui a été purgée de ses parties hétérogènes, elle s'apporte dans des vessies.

Comme matière préparée, elle doit être rangée dans la troisième classe.

LACQUE ou lacque.

C'est une teinture de pourpre fixée sur une base métallique ou terreuse.

On la trouve dans le commerce en poudre sous la forme de tablettes ou trochisques et en liqueur.

La lacque liquide est une forte teinture de

bois de fernambourg extraite par les acides.

Les autres se font avec la cochenille et la garance.

Toutes sont employées dans les peintures à
l'huile et en détrempe.

Ces lacques sont venues long-temps de l'étranger , et principalement de l'Italie.

Les français sont aujourd'hui en possesion d'un
secret pour la fabrication des lacques, c'est à eux
qu'on doit la découverte du procédé pour fabriquer la lacque de garance qui plus solide que les
autres, est d'un bel effet dans les peintures à l'huile.

Ainsi la lacque venant de l'étranger n'est plus
considérée que comme secondaire.

Lacque dite plate de Venise.

Elle est en petits cônes de couleur purpurine
et s'écrase sous les doigts.

Lacque colombine sèche.

Elle nous vient des Indes elle est en petites tablettes carrées de l'épaisseur du doigt , elle est
rouge.

Laine. C'est le poil qui couvre le mouton ,
c'est une matière première, essentiellement utile
à nos fabriques de draperies.

Laines bourre.

C'est la partie de la laine qui se détache, lorsqu'on la bat sur des claies.

Laines filées.

Ce sont les laines qui ont reçu toutes les préparations , savoir : le lavage , le cardage et le filage. Elles sont toujours en cet état , matières premières, mais dans l'intérêt de notre industrie, on ne peut les ranger que dans la deuxième classe afin de conserver à notre industrie ces premières mains d'œuvres qui occupent beaucoup de bras.

LAITON ou cuivre jaune battu et laminé en planches , de toutes dimensions , gratté , noir et décapé.

On doit comprendre dans cet article , tout le cuivre jaune qui n'a reçu d'autre main d'œuvre que d'avoir été mis en planches, et en lames, soit qu'il ait été gratté , ce qui le rend brillant des deux côtés, soit qu'il ne soit que noir , c'est-à-dire brillant d'un seul côté ; soit enfin qu'il ne soit que décapé , c'est-à-dire nétoyé de son vert de gris.

La main d'œuvre qu'il a reçue doit le faire ranger dans la troisième classe, afin d'encourager l'industrie française qui a tous les moyens de faire par elle-même ces diverses préparations.

LAITON.

C'est une matière composée de cuivre rouge allié et fondu avec le zing.

Le cuivre devenu beaucoup plus ductible par ce mélange est d'un grand usage dans les arts, et doit être rangé dans la première classe par les motifs exposés à l'article cuivre.

LAPIS.

C'est une pierre de roche d'un beau bleu ; il nous vient de l'Asie et de la Sibérie ; il est mélangé de taches blanches et de filets d'or : on l'emploie à faire des manches de couteaux et à divers bijoux.

Mais son emploi plus particulier est pour la peinture ; il est connu à cet égard sous le nom *d'outre - mer.* C'est la plus belle couleur qui existe , elle est considérée sous ce rapport comme matière première de première nécessité.

On a essayé , vu la cherté excessive de cette couleur , de la remplacer par le bleu de cobalt , mais ce ne peut être que pour les draperies , car rien ne peut tenir lieu de l'outremer pour les chairs en peinture , soit à l'huile , soit en miniature.

On ne doit pas confondre le lapis avec l'azur de roche , ce sont deux pierres bien différentes , tant par la qualité que par le prix.

LAPIS EN TALIS. Coquillage en forme de tuyau long, d'un pouce et demi, de la grosseur d'un tuyau de plume, creux en dedans, cannelé de petites lignes ; plus gros par un bout que par l'autre, d'un blanc tantôt mat tantôt verdâtre ; on l'appelle aussi dans le commerce, *antale antalium*.

Objet de curiosité.

LARD. C'est la graisse du porc tenant à la peau de l'animal.

De première nécessité comme comestible.

LAURIER. Arbuste indigène et exotique : on en connaît de beaucoup d'espèces, mais on ne fait usage en médecine et on ne voit dans le commerce que le laurier franc (*Voy.* baie de laurier.)

LAVANDE. (Plante indigène exotique.)

On ne connaît dans le commerce que la fleur de lavande ; il en vient de Suisse et d'Allemagne : elle est utile comme vulnéraire et de nécessité secondaire.

LÉGUMES VERTS. On entend par légumes verts, toutes les plantes potagères employées dans la cuisine : première nécessité comme comestible.

LÉGUMES SECS. Ce sont les graines et semences, potagères et farineuses, telles que haricots, pois, lentilles, fèves, etc.

Première nécessité comme comestible.

LICHENS. On distingue les lichens tinctoriaux et médicinaux, c'est un nom générique donné à des plantes.

LIE DE VIN. C'est le marc ou liniment que le vin dépose dans les tonneaux.

Les vinaigriers en font un grand usage pour la fabrication du vinaigre.

Le résidu sert aussi aux chapeliers, et, en dernière analyse, on compose avec la lie la *cendre gravelée*, espèce de potasse : nécessité secondaire.

LIÈGE en table. Le liège est une espèce de chêne toujours vert qui croît en Espagne, en Italie et en France.

Il s'agit ici de l'écorce du liège, applatie et mise en forme de planches ; elle est de l'épaisseur d'un à deux pouces ; elle est légère et spongieuse : elle sert à faire les bouchons.

La France produit plus de liège qu'il n'en faut pour sa consommation, et par ce motif, celui qui vient de l'étranger doit être mis dans la troisième classe.

LIMAILLE de fer, d'acier et de cuivre.

C'est la poussière qui se détache de ces métaux par l'action de la lime.

Celle de cuivre est facile à connaître par sa couleur.

Plus d'éclat et plus de blancheur doivent faire distinguer les limailles d'acier de celles du fer.

Les limailles sont considérées comme matière

première, parcequ'elles ne sont généralement employées qu'après avoir été mises en fusion.

LIN. C'est une plante qui croît abondamment en France et avec laquelle on fabrique les toiles.

Le lin est comme le chanvre une matière première et de première nécessité pour l'industrie française, cependant l'intérêt de l'agriculture demande que le lin étranger ne soit considéré que comme secondaire.

LIN filé. Le lin qui a reçu la première main-d'œuvre du filage simple, c'est-à-dire tel qu'il sort de la main du fileur, doit encore être considéré comme matière première, mais bien moins nécessaire à nos fabriques, parce que l'apprêt du filage prive nos ouvriers d'une main-d'œuvre.

LITARGE ou litharge naturelle et artificielle. La naturelle est rougeâtre, par écailles faciles à casser et en quelque sorte de la figure et de la nature du blanc de plomb ; c'est un oxide de plomb durci et écailleux, qu'on trouve quelque fois dans les mines de plomb.

L'artificielle s'appelle litarge d'or et d'argent, suivant sa couleur blanche ou rougeâtre ; elle est ordinairement en poudre plus ou moins fine.

C'est le produit des fourneaux *de coupelle*,

où l'on sépare de l'or et de l'argent , les métaux étrangers.

La litarge est employée par la pharmacie ,
comme détersive et dessicative.

Elle sert aux peintres à l'huile pour rendre
leurs couleurs sicatives, et aux potiers de terre
pour donner le vernis à leurs ouvrages.

Objet de nécessité secondaire.

LYCOPODE ou soufre végétal.

C'est une poudre résineuse , jaune , très-
légère et inflammable (*V*. soufre.)

M

MACHE-FER. Ce sont des écailles qui sortent
du fer quand on le bat à chaud , ou l'écume
du fer. Il est considéré comme matière première.

MACIS. C'est la première écorce ou enveloppe
de la noix muscade ; elle est tendre , odorante , de couleur rougeâtre et jaunâtre.

C'es une épicerie qui , n'étant utile qu'à la
cuisine , n'est qu'objet de goût ou de fantaisie.

MAGALAISE ou Manganèse.

C'est un minéral qui se trouve en France en assez grande quantité pour ne pas avoir besoin d'en tirer de l'étranger.

Il y en a de grise et de noire ; la manganèse qui est la plus commune est employée par les émailleurs et les potiers de terre , l'autre est mise en usage dans les verreries. Ce minéral est tendre et parsemé de petits brillans ; on l'appelle aussi magne ou magnèse : c'est une matière première de première nécessité.

MAGNESIE. C'est une terre blanche qui se trouve dans la composition d'un grand nombre de pierres et fait la base du sel d'*epsum*.

Elle est employée en médecine comme purgatif doux , excellent pour les enfans.

Elle nous vient d'Allemagne et d'Angleterre. Objet de nécessité secondaire.

MAÏS. C'est le nom du grain qu'on appelle autrement blé de Turquie.

On le cultive particulièrement dans le midi de la France et l'on en fait une espèce de pain qui sert à la nourriture du peuple.

Objet de première nécessité comme comestible

MALACHITE. C'est une pierre fine qui se trouve dans les mines de cuivre ; elle est d'une couleur bleue approchant de celle du *lapis lazuli*.

Objet de curiosité.

MALHERBE. C'est une plante qui croît dans le midi. Sa racine sert à colorer en jaune : elle est d'une odeur forte.

Elle est considérée comme étant de première nécessité pour les teintures.

MANDRAGORE. C'est une plante qui est très-narcotique ; elle croît en France et la médecine en fait beaucoup d'usage. Ses racines ont une forme bizarre.

MANIOC. Arbrisseau exotique dont la racine produit la cassave dit *pain de manioc*. Son suc est reconnu comme un poison violent : cette plante n'offre point d'utilité.

MANNE de toutes sortes.

C'est un suc qui découle du frêne qui croît dans la Calabre et la Sicile ; il tient de la consistance du sucre et du miel , il est d'une odeur faible et d'un goût fade ; c'est un purgatif doux de première nécessité en médecine.

MARBRE. C'est une pierre calcaire : on en connaît de diverses espèces , les uns sont blancs , les autres noirs , d'autres mélangés et veinés.

Il est très-dur et n'acquiert de valeur que par son poli.

La France ne possède que des carrières de

marbres assez communs ; les belles qualités nous viennent d'Italie, du Piémont et de la Flandre.

On n'emploie le marbre que pour des ouvrages de luxe ; la difficulté de le travailler en raison de sa dureté en augmente beaucoup le prix.

Le marbre blanc est employé par les statuaires.

MARCASSITE d'or , d'argent et de cuivre.

On donne ce nom à des espèces de pyrites naturellement cristallisées en cubes et à facettes. On leur donne le nom de marcassite d'or, d'argent ou de cuivre suivant leurs couleurs , car il n'entre rien de ces métaux dans leur organisation.

La marcassite se taille comme le diamant et est employée par les bijoutiers.

C'est un objet de luxe et de fantaisie.

MARRONS. (V. châtaignes.)

MARUM. Cette plante croît sur le bord de la Méditerranée, ses feuilles sont ovales et pointues ; ses fleurs couleur de violette donnent une odeur agréable : sa saveur est âcre ; ses vertus sont nervines résolutives et emmenagogues.

On l'emploie dans les maladies soporatives.
Utilité secondaire.

MASSICOT. On donne ce nom à un oxide de plomb , de couleur jaunâtre.

Il en est peu de naturel , celui qu'on voit

dans le commerce est une céruse calcinée : il y en a de blanc, de jaune et de doré; tous les trois, même le blanc, ont des nuances de jaune ; le plus estimé vient de Hollande.

C'es une matière de première nécessité pour la peinture.

MAURELLE. (*V*. tourne-sol)

MECHOACHAM ou rhubarbe blanche.

C'est un liseron d'Amérique, dont la racine qui paraît dans le commerce en forme de rouelles est blanche, sèche, pesante et d'un goût presque insipide.

Il a les même vertus que la rhubarbe, mais n'est pas d'un usage aussi fréquent, et cependant il doit être considéré comme matière de première nécessité en médecine.

MÉLASSE. C'est la partie fluide et grasse qui reste des sucres après qu'ils ont été rafinés.

MERCURE ou vif argent. Substance métallique, opaque et brillante, la plus pesante après l'or et la platine.

Le mercure est fluide, il est d'un emploi journalier dans les arts pour la dorure des métaux, l'étamage des glaces, etc.

La médecine en fait un grand usage.

Le mercure est un produit de mines qui existent en Amérique, en Asie et en Chine.

Objet de première nécessité.

MERCURE PRÉCIPITÉ. On donne ce nom à l'argent vif qui a subi une opération chimique, dite précipitation qui désunit le métal de l'acide.

Il y a un grand nombre de préparations de mercure précipité; on en voit de blanc, de rouge, de rose, de noir et de violet. Enfin, il y a une de ces préparations qu'on appelle précipité *perse*, ce qui semble indiquer, mais faussement, le mercure précipité par lui-même : tous sont dans le commerce en poudre.

La chimie étant plus perfectionnée en France que partout ailleurs, il serait à désirer dans l'intérêt sanitaire, que l'on n'admît de l'étranger aucune des préparations de cette espèce dont on fait usage en pharmacie.

MÉTAL. C'est un nom donné au bronze. *V.* ce mot.

MÉTAL de cloches.

C'est en général un mélange de quatre cinquièmes de cuivre et d'un cinquième d'étain.

MEULES de toutes sortes.

Les meules sont des blocs de pierre taillés en rond et plats sur les deux faces, ayant un trou au milieu pour y faire passer et adapter l'arbre tournant.

On distingue beaucoup d'espèces de meules ; celles dites à moulin se font avec la pierre dite

meulière dont nous avons en France des mines
très-abondantes.

Les meules à taillandiers qui servent à repas-
ser , se font avec la pierre de grès.

On en fait des unes et des autres de toutes
dimensions.

On compose aussi des meules de plusieurs
morceaux de pierre réunis par des liens de fer.

Quoique les pierres à meules soient assez
abondantes en France, on en fait cependant venir
de l'étranger , mais celles-là ne peuvent être
considérées que comme utilité secondaire , parce que la main d'œuvre de fabrication a été per-
due pour la France.

Méum d'Athamante. Plante ombellifère qui
croît sur les Alpes.

Ses feuilles ressemblent à celles du fenouil.

C'est de sa racine qu'on fait usage en médecine comme carminative , stimulante et stomachique.

Mica. On donne ce nom à une substance vi-
treuse qui forme un mélange de quartz et du
feld spath.

Miel. (*V*. ce qu'on a dit au mot abeilles.)

Au surplus c'est la substance sucrée que les
abeilles extraient des fleurs.

Il est blanc ou jaune ; le premier est plus estimé : il en vient beaucoup de Sicile.

Avant la découverte du sucre on ne se servait que du miel ; aujourd'hui on ne l'emploie
que dans la pharmacie, et depuis ce moment
la culture des abeilles est totalement négligée.

Il est toujours de première nécessité en médecine.

MIL ou MILLET.

C'est une plante graminée ; sa graine petite,
ronde et jaune sert à la nourriture des oiseaux.

MINE de fer brut et lavée.

C'est la matière première telle qu'on la retire
de la terre ou ayant seulement subi un lavage :
première nécessité.

MINE de plomb. C'est une substance métallique appelée par les chimistes carbure de fer.

Espèce de pierre minérale d'un noir argenté
et luisant dont on fait des crayons ; son véritable nom est plombinage.

L'Angleterre possède la mine qui produit le
meilleur plombinage ; la France en a dans les
Pyrénées et la principale est dans le pays
de Foy.

C'est avec la poussière du plombinage qu'on
fabrique les crayons à dessiner.

C'est une matière première de première nécessité.

MIMUM. C'est une substance produite par
le plomb réduit par le feu à l'état d'oxide rouge.

Cette substance est employée dans la peinture comme le vermillon et sert également à la
fabrication des cristaux.

Nous avons reçu pendant long-temps cette
couleur de l'étranger ; nos chimistes encouragés
par le gouvernement, sont parvenus à la fabriquer d'une aussi bonne qualité et d'une aussi
belle couleur ; d'où il suit, que très-nécessaire
aux arts, cette matière venant de l'étranger n'est
plus que secondaire.

MIRABOLANS de toutes sortes.

On comprend sous cette dénomination, différens fruits des Indes qui sont importés desséchés
ou confits.

Ces fruits ne sont que d'une consommation
éventuelle de fantaisie et de luxe.

MIRRHE (gomme.) C'est une gomme-résine
qui vient d'Arabie et d'Abyssinie. Il y en a
deux espèces ; l'une que l'on appelle slactée en
larmes, d'un jaune doré, et l'autre mirrhe onglée.
La première est claire et transparente, friable,
légère, d'un goût amer, d'une odeur forte et
désagréable ; la seconde est en petites masses
ou grosses larmes rouges, claires et transparentes : elle a intérieurement des taches blanches
semblables à celles qu'on a quelques fois sur les
ongles des mains ; elles contiennent une liqueur
onctueuse.

Ses vertus sont vulnéraires, balsamiques et anti-putrides.

Son usage constant en médecine la fait considérer comme de première nécessité.

Mómies (corps embaumés). Corps humains conservés, ordinairement de couleur noire, enveloppés de bandelettes, d'un jaune noir ; le baume qui remplit les cavités de la tête est recherché et se vend dans le commerce sous le nom de baume de momie : les boîtes dans lesquelles sont renfermés ces corps sont ordinairement peintes : objet de curiosité.

Monnaies. C'est l'or, l'argent et le cuivre réduits en pieces de différentes dimensions et valeurs, et frappées des effigies de chaque souverain:

Morilles ou mousserons, espèce de champignons qui croît dans les bois.

-On l'emploie dans les ragoûts.

Morphil. C'est le nom donné dans le commerce aux dents d'éléphant (*V*. ce mot.)

Mortina. Plante qus se récolte plus particulièrement en Corse ; ses feuilles sont propres à la tannerie : nécessité secondaire.

Morue et merluche. C'est un poisson de mer dont on fait une grande consommation comme comestible et dont on extrait une huile très-utile aux fabriques.

Tous les gouvernemens maritimes ont encouragé la pêche de la morue, qui demande des soins particuliers, et ce motif d'encouragement pour notre marine en devient un pour n'admettre les morues étrangères que comme secondaires.

MOUCHES cantarides. (*V*. cantarides.)

MOULARD ou terre cimolée. C'est la matière qui se trouve sous les meules des couteliers, qui n'est autre chose que le fer et le grès usé. On appelle aussi de ce nom la terre à foulon.

Cette substance a quelques propriétés en médecine comme astringente ; elle est particulièrement utile aux corroyeurs et aux teinturiers.

MOUTARDE. C'est la graine du senevé, plante indigène ; on lui donne ce nom lorsqu'elle est réduite en poudre et préparée avec du vinaigre et des épices.

C'est un objet de goût et de fantaisie.

MOUTONS. C'est une bête à laine dont on connaît l'usage et l'emploi, soit dans l'intérêt des fabriques pour sa laine et sa peau, soit comme comestible pour sa chair.

MULES et mulets. Quadrupèdes utiles à l'agriculture comme le cheval.

MURIATE. On donne ce nom au sel de l'acide muriatique.

Prépartion chimique. (*V*. acide.)

Musc. On donne ce nom à une substance grasse et onctueuse qui se trouve dans une espèce de poche placée vers le nombril d'un animal appelé musc ; espèce de chevreuil qui habite les montagnes de l'Asie orientale.

C'est un parfum d'une odeur excessivement forte ; on le vend enveloppé de peaux, couvertes de poil brun ou blanc ; il est d'une couleur tannée et d'un goût amer.

N'étant employé que dans la parfumerie, il ne peut être considéré que comme objet de fantaisie et de luxe.

Muscade. C'est le fruit du muscadier, arbre qui croît dans les îles moluques ; c'est une petite noix très-odorante, qui employée quelques fois en médecine, sert particulièrement à la préparation des alimens et sous ce rapport n'est qu'un objet de fantaisie.

N

Nacre de perle.

La nacre est une coquille d'un beau brillant de perle ; les plus belles coquilles de nacre viennent des Etats-Unis ; on fabrique avec la nacre toutes sortes de jolis ouvrages de bijouterie.

C'est un objet de luxe et de curiosité.

NAPHE ou naphte.

C'est le nom donné à un bitume qui découle le long de quelques arbres en Perse, en Sicile, en Italie et même en France.

Ce bitume est très-ardent et brûle dans l'eau.

NARE indien.

Racine qui vient de Ceylan et des Moluques ; elle est amère et âcre.

(*Voy.* spica celtica, natron ou natrum.)

NATRON ou natrum, alkali naturel terreux. (*Voy. anatrum.*)

NÉNUPHAR. C'est une plante qui croît dans les étangs.

On en connaît de deux espèces, l'un à fleur blanche, l'autre à fleur jaune.

Cette plante est fort connue en médecine, sa vertu est réfrigérante, on l'emploie pour tempérer l'ardeur du sang.

Nécessité secondaire

NERFS de bœufs et autres animaux. C'est la matière première de la colle forte : objet de première nécessité.

NERPRUN. C'est un arbrisseau indigène qui croît dans les haies ; son bois est jaunâtre, ses fleurs sont adhérentes à des baies noirâtres ; on attribue à ces baies une vertu purgative, et la médecine en compose un sirop purgatif connu sous le nom de *nerprun.*

On fait avec le nerprun la couleur connue sous le nom de vert de vessie.

NITRATE. (*V*. sel de nitre.)

NITRE. C'est un sel neutre formé par la combinaison de l'acide nitrique et de la potasse.

On trouve souvent le nitre formé sur les parois des caves ; dans les contrées de l'Asie et du Pérou le nitre se forme à la surface de la terre.

On l'obtient aussi par la lessive des cendres. Le nitre est utile aux arts.

NOIR de fumée, de terre et des corroyeurs.

Le noir de fumée est d'une légèreté extrême ; celui de terre est un charbon broyé ; celui des corroyeurs est composé de noix de galle et de ferraille.

Toute ces substances quoique composées sont matières premières propres aux arts et de première nécessité.

NOIR d'Espagne. Il est très-noir et très-léger, et n'est autre chose que le liége brûlé.

NOIR de teinturier, d'Allemagne, d'os et de cerf.

Le noir de teinturier varie suivant les étoffes auxquelles il est destiné ; ceux d'os et de cerf sont en pierre ou en poudre, doux et faciles à mettre en poussière.

Noir d'ivoire. Il est ordinairement en petits cônes ou en pains plats ; il est effectivement fait de l'ivoire brûlé.

Ce noir est une couleur essentielle pour les peintres à l'huile et en détrempe.

Noix de cyprès. C'est le fruit du cèdre qui croît au Liban ; elles sont petites, rondes, raboteuses et d'une saveur acerbe ; leurs vertus sont fébrifuges et de nécessité secondaire pour la médecine.

Noix de galle. Excroissance qui se trouve sur le chêne qu'on appelle rouvre ; celles du Levant sont noirâtres ou tirant sur le vert , elles sont pesantes et quelques fois épineuses.

C'est une matière première de première nécessité pour les teinturiers.

On se sert de la noix de galle pour faire l'encre à écrire.

Noix vomiques. Fruits d'un arbre qui croît dans l'île de Ceylan ; elles sont rondes et plates, d'un gris de souris , veloutées en dehors et de diverses couleurs en dedans , tantôt jaunes , tantôt blanches et tantôt brunes; leurs vertus sont émétiques , et la pharmacie en fait un fréquent usage et la considère comme première nécessité.

O

OCRE jaune et rouge. Les ocres sont des terres grasses pesantes.

Il y en a de différentes couleurs ; le rouge et le jaune s'emploient communément dans la peinture grossière ; ces deux espèces sont dans le commerce en forme de pierres d'une consistance peu ferme.

L'on connaît en France, une mine d'ocre près d'Auxerre, et une autre près de Nevers.

Mais ces ocres étaient ordinairement exportées en Hollande et nous revenaient après avoir été calcinées et rafinées.

Il nous en venait aussi d'Allemagne ; aujourd'hui nos chimistes préparent les ocres, de sorte que celles venant de l'étranger, doivent être rangées dans la troisième classe.

OCULI CANCRI. (yeux d'écrevisses.)

C'est le nom donné improprement à une concrétion calcaire qui se trouve dans le corps de l'écrevisse à l'époque où elles se dépouillent de leur écaille.

Cette substance s'emploie en médecine comme absorbant et anti-acide.

Elle nous vient des Indes orientales : elle est de nécessité secondaire.

ŒIL DE CHAT. On donne ce nom à une pier-re fine qui vient d'Egypte et d'Arabie.

Elle est de la nature de l'agathe , d'un jaune de paille.

Objet de curiosité.

ŒIL du monde. C'est le nom donné à un caillou qui se trouve en Egypte et en Arabie.

Cette pierre est grisâtre, entrecoupée de veines jaunâtres.

Elle réfléchit vivement la lumière , et étant exposée au soleil elle en rend l'image avec beau-coup d'éclat , c'est de là que vient son nom.

Objet de curiosité.

ŒUFS de volaille. Considérés comme comes-tible, ils sont de première nécessité.

OIGNONS. On donne ce nom à la racine bul-beuse de certaines plantes.

Il y a différentes espèces d'oignons , les uns sont utiles à la cuisine , d'autres sont les ra-cines de différentes fleurs.

Ce sont les fleurs qui en déterminent l'utilité.

OLIBAN. C'est le nom donné à l'encens mâle ; c'est une résine aromatique qui vient en Judée , il est employé en médecine pour les maux de poitrine , de matrice , le flux de ventre etc.

Nécessité secondaire.

OLIVES. C'est le fruit de l'olivier ; il sert à faire l'huile. (V. huile d'olive.)

OPAL. Pierre précieuse dont les plus belles viennent de l'île de Ceylan ; elle est de couleur bleu céleste et réfléchit les couleurs de l'arc-en-ciel.

Objet de curiosité.

OPIUM. C'est le suc épaissi tiré de la tête du pavot.

Il y en a deux espèces ; l'opium proprement dit est le méconium : on ne voit guères dans le commerce celui de la première espèce ; le second est en masses noirâtres , enveloppées dans des feuilles de pavots.

Le méconium préparé s'appelle aussi laudanum ; ses vertus sont narcotiques, sudorifiques et anodines ; c'est une matière de première nécessité en médecine.

On nous apporte l'opium de Natalie , d'Egypte et des Indes , en gâteaux du poids d'une livre environ.

OPOPONAX. (*V*. gomme opoponax.)

OR. C'est un métal d'une couleur jaune , brillante. Les mines de ce métal sont dans le Mexique , le Pérou et le Chily.

Matière première de première nécessité:

OR faux , en barres et lingots.

C'est un mélange de cuivre et d'autres métaux qui ont l'éclat de l'or ; il se nomme aussi

similor : on donne aussi le nom d'or faux au cuivre rouge doré.

ORCANETTE. Racine souple quoique sèche,
d'un rouge foncé par dessus et blanche en dedans, avec une petite tête de couleur bleue.
On l'emploie à la teinture pour colorer en rouge.

Elle croît dans le midi de la France, il en
vient aussi du Levant.

Nécessité secondaire.

OREILLONS ou orillons. L'on donne ce nom
aux rognures et raclures de toute espèce de
peaux.

Ces résidus sont considérés comme matières
premières pour la fabrication des colles ; il en
vient beaucoup du Brésil.

OROBE. Plante légumineuse qui croît en Espagne et en Italie.

C'est une espèce de pois qu'on emploie à la
nourriture des bestiaux.

Sa farine est une des quatre résolutives.

ORPIMENT. Oxide d'arsenic.

L'orpiment natif est en pierres de différentes
grosseurs, jaunes, mais mêlées de quelques
nuances ; cette espèce d'orpiment vient de mines
existantes dans la Transilvanie.

On se procure l'orpiment artificiel en faisant
fondre l'oxide d'arsenic avec une portion de
soufre.

Il y en a que l'art a rendu rouge ; il sert à la peinture et à l'art vétérinaire, l'arsenic qui en est la base fait juger que de précautions on doit prendre en l'employant, et ce motif doit déterminer à ne pas l'admettre venant de l'étranger.

ORSEILLE apprêtée et non apprêtée.

Plante qui croît sur les rochers aux îles Canaries.

Il y en a de naturelle et d'apprêtée, la naturelle est en petites mousses ou croûtes qui se forment sur les rochers.

Les orseilles apprêtées sont composées de tourne-sol ou de perelle, mêlée avec de la chaux et de l'urine ; ces dernières sont en pâtes ou en pierres.

C'est une substance utile à la teinture, mais de nécessité secondaire.

Os de bœufs, de vaches et autres animaux.

Matière première qui est utile à une infinité d'usage dans les arts, pour ouvrages de tour et d'agrément, et sous ce rapport cette matière n'est que nécessité secondaire.

Os de seiche. La seiche est une espèce de poisson : on trouve dans son corps une espèce d'os plat, de la grandeur de la main, ces os sont ovales et blancs.

C'est cette matière que les oiseleurs vendent sous le nom de biscuit de mer et qu'on suspend

dans les cages d'oiseaux, on l'emploie en médecine comme absorbant. Son utilité n'est que secondaire.

OSIER. Nom donné à plusieurs arbrisseaux
dont les rameaux flexibles sont employés en paniers.

OUIN. C'est une espèce d'agathe, demi-transparente, disposée par couches de différentes couleurs ; elle nous vient d'Arabie et de
Ceylan.

Pierre précieuse.

OUTREMER. C'est le lapis lazuli mis en poudre.
Cette couleur bleue est d'autant plus précieuse,
qu'elle est plus foncée, sans être cependant d'un
bleu dur. (*V. Lapis lazuli.*)

P

PAILLES de blé et autres grains.

On comprend sous cette dénomination les
tiges de bled, seigle et avoine dont on a re-
tiré le grain.

La paille sert à la nourriture et à la litière des
bestiaux et aux engrais des terres ; on l'emploie aussi à différens ouvrages.

C'est une matière de première nécessité.

PAILLES de fer et d'acier.

Ce sont les écailles qui tombent de ces métaux quand on les bat à chaud ; elles servent à faire la couleur noire pour les émailleurs.

Nécessité secondaire.

PAILLES de jonc, de riz et de squenante.

Ce sont les tiges de ces différentes plantes qui servent de matière première pour différens ouvrages de mode et de fantaisie.

Utilité secondaire.

PALLADIUM. On donne ce nom à une substance originaire d'Amérique.

C'est un métal qui a la couleur et l'éclat de la platine.

Il est peu connu et on le croit un composé de platine et de mercure.

Ce métal serait toujours considéré comme matière première.

PALMA christi. (*V*. huile de palma christi.)

PARCHEMIN neuf ou brut.

C'est la peau du mouton sortant des mains du mégissier , qui n'a point été raturé par le fer du parcheminier ; elle n'a point le lisse du parchemin : on l'appelle aussi parchemin en casse ou en croûte ; il se vend en paquets de trente-six peaux.

Il est en cet état matière première, parce qu'il ne peut être employé sans une nouvelle

main-d'œuvre : mais en raison de cette préparation et dans l'intérêt de notre industrie, celui
venant de l'étranger ne peut être rangé que dans
la troisième classe.

SAREIRA BRAVA.

Plante qui croît au Brésil, aux Antilles et
en Amérique. Sa racine, de la grosseur du doigt,
est brune en dehors, jaune obscur intérieurement, sans odeur et peu amère : lorsqu'on
la coupe transversalement, elle présente des
cercles concentriques traversés de rayons : elle
est de première nécessité en médecine en raison
de ses vertus diurétiques.

PAS-D'ANE, tussilage. C'est une plante qui
croît en France ; ses vertus sont pectorales
comme celles de la guimauve.

PASTEL ou guesde. Plante dont les tiges sont
hautes de trois pieds, grosses comme le doigt,
dont les feuilles sont lisses et d'un vert bleuâtre.

On en fait fermenter et broyer les feuilles, et
on en compose une pâte qu'on vend en coques
de figure ovale; on s'en sert pour teindre en bleu.

Cette plante est plus particulièrement cultivée
dans le midi de la France : on avait espéré
pouvoir obtenir de sa préparation une couleur
qui pût remplacer l'indigo ; le gouvernement
français a donné de grands encouragemens à
cette fabrication, et les résultats en ont été très-

14 *

heureux, mais on doute encore que l'on puisse atteindre le but désiré.

Cette plante est de première nécessité.

PASTEL d'écarlate. C'est la poudre qui se trouve dans la graine d'écarlate.

(*V.* alkermes.)

PATIENCE. Plante vivace qui croît en Europe et plus particulièrement en France.

Elle est d'une utilité journalière en médecine.

PAVÉS ou pierres de grès.

C'est la pierre de grès taillée en pavés, morceaux carrés et bruts dont on se sert pour paver les grandes routes, les rues et les cours.

Utilité secondaire.

PAVOT ROUGE ou coquelicot.

C'est une plante très-commune et qui croît naturellement dans les champs.

La fleur, d'un rouge éclatant, a une vertu sudorifique et pectorale ; la médecine en fait un usage journalier dans les rhumes et fluxions de poitrine.

PEAUX. On appelle peau, dans l'acception générale, l'enveloppe qui recouvre les corps organisés.

Les peaux des quadrupèdes sont recouvertes de poils, celles de l'espèce volatille de plumes, celles des poissons d'écailles, et celles des reptiles sont en général unies.

La diversité des peaux est très-grande ; elles
sont toutes de plus ou moins d'utilité pour les
arts et pour notre consommation : nous allons
faire connaître celles qui sont d'un commerce
usuel, et qui toutes sont considérées comme
matières premières ; mais les différentes préparations qu'elles ont reçues avant de nous être apportées, détermineront leur classification.

Peaux de bœuf, vache, taureau, âne, cheval,
bélier, moutons, brebis et agneaux, salées et en
verd , et sèches en poils.

On donne cette dénomination aux peaux qui
n'ont reçu qu'une première opération de lavage
et de salage ; cette préparation tend à les conserver et les mettre en état d'être transportées.

Dans cet état elles sont considérées comme
matières premières et de première utilité pour
nos fabriques.

Peaux de béliers, moutons, brebis et agneaux
préparées en poils.

Dans cet état elles procurent une fourrure
commune et connue ; elles n'ont plus besoin
d'autres préparations ; elles ne peuvent être rangées que dans la troisième classe, comme objet
de luxe ou de fantaisie.

Peau d'âne, tannée et corroyée.

C'est-à-dire dépouillée de son poil et aprêtée
pour faire des cribles et du gros parchemin.

Celle qui vient ainsi de l'étranger privant notre industrie d'une main d'œuvre, doit être rangée dans la troisième classe.

Peaux et cuirs passés, tannés, corroyés et apprêtés de toutes sortes, savoir :

Peaux d'antas, bioris, bœufs, buffles, élans, d'empakasses, de mos ou de moos, tannées en fort.

Il s'agit ici des cuirs de tous les animaux auxquels on a donné la consistance solide nécessaire pour qu'ils puissent être employés à la semelle des chaussures.

Les cuirs tannés sont fermes et n'ont reçu aucune couleur ; les corroyés au contraire sont assouplis, teints et graissés ; ainsi la semelle d'un soulier est tannée et l'empeigne corroyée.

Vu la préparation qui est complète, ces cuirs n'appartiennent qu'à la troisième classe.

Peaux de vache et de bœuf passées en Hongrie.

Les cuirs passés en Hongrie sont extrêmement lisses et d'une couleur grisâtre ; les plus estimés sont ceux qui sont les plus blancs à la coupe.

Les mêmes passés en chamois.

Ce sont ces peaux assouplies corroyées en jaune et préparées de manière qu'on en puisse faire des ceintures.

Peaux de vache, fabriquées en Russie ou Roussie.

Ces peaux quoique fortes sont assouplies et coloriées en rouge.

Peaux de cheval tannées en croûtes et passées en Hongrie.

Les peaux en croûtes sont les peaux séchées après avoir été tirées du tan, où elles n'ont été mises qu'après avoir été poudrées ou rougies et avoir reçu une graisse.

Devant recevoir une nouvelle main-d'œuvre, elles appartiennent à la seconde classe.

Peaux de moutons, brebis et agneaux, passées en basane et en croûte, et dans cet état de perfection propres aux relieurs.

Les mêmes passées en blanc et en megie.

La préparation en megie est un autre mode pour le fourreur.

La grandeur de ces peaux, et le plus ou moins de consistance, les font distinguer les unes des autres.

Les mêmes passées en megie avec les laines appelées bisquins ou housses de chevaux.

Ce sont les peaux avec la laine des animaux dont on se sert pour garnir les colliers et la croupe des chevaux de charrettes.

Toutes ces peaux ainsi préparées, ne doivent être rangées que dans la troisième classe.

Peaux de daims, d'élans, de moutons, d'agneaux, etc. passées en chamois.

La préparation du chamoisage donne aux peaux plus de souplesse et les rend propres à l'usage des gantiers, aux fourreurs, peaussiers-culottiers et ceinturoniers.

On ne prépare ainsi que les peaux de daims, d'élans, de moutons et autres quadrupèdes d'une petite espèce.

Dans cet état de préparation, les peaux peuvent être mises en œuvre et ne doivent être rangées que dans la troisième classe.

Peaux de cerfs, de chevreuils, passées en chamois.

Ces peaux ont beaucoup plus de consistance que les précédentes, à la différence que, n'ayant pas été raclées, elles ont une espèce de coton ou duvet qui leur donne l'air d'un drap qui n'a pas été tondu ; la grandeur de ces peaux les rend faciles à distinguer des précédentes.

Peaux de boucs, chèvres, chevreaux, chamois, etc, maroquinées en corduan et en rouge.

On comprend sous cette dénomination les maroquins rouges seulement.

Observez que le corduan n'est autre chose qu'un maroquin passé au tan au lieu de l'être au

sumac et à la galle ; le maroquin et le corduan
sont fins et grénés.

Les mêmes en maroquin ou corduan en noir ,
vert, bleu, citron et autres couleurs.

Cet article comprend tous les maroquins et cor-
duans , à l'exception des rouges mentionnés à
l'art. précédent.

Les mêmes en basane.

Cet article n'a d'application qu'aux basanes
de l'espèce de celles dont on se sert pour couvrir
les livres et les registres ; elles sont communément vertes, jaunes et violettes foncées.

Les mêmes tannées et corroyées.

Ce sont ces mêmes peaux préparées de manière
à ressembler au cuir ; on les emploie à couvrir
des siéges, celles-là sont rouges ou noires; ou à
couvrir des livres , celles-ci imitent la peau de
veau ; elles sont aussi l'étoffe des tapisseries appelées cuir doré.

Peaux d'agnelins apprêtées pour vélin.

Le vélin est plus uni, plus lisse et d'un grain
plus fin que le parchemin. Les peaux dont il s'a-
git ici sont des peaux d'agneaux morts-nés.

Peaux de porcs et de sangliers , tannées en
croûtes, ayant ainsi leurs poils.

Ces peaux servent aux coffretiers.

Peaux de chagrin de Turquie.

Le cuir est très-dur et couvert de petits grains ronds ; il y en a de toute couleur.

C'est la peau d'une espèce d'âne connu en Turquie et en Pologne.

Cette préparation consiste dans l'application de la graine de moutarde après le tanage de la peau.

Le chagrin de Turquie est le plus estimé.

Ces peaux servent aux gaîniers pour couvrir les étuits, les coffrets et les écritoires, et autres petits ouvrages.

Peaux de chiens de mer ou roussettes, lions et ours marins.

Ces peaux sont très-sèches, point écailleuses ; celles des lions et ours de mer sont plus égales : elles prennent un très-beau poli.

Elles servent aux ébénistes et aux tourneurs pour polir le bois.

Peaux de lièvres et de lapins de toute espèce.

C'est particulièrement le poil qu'on emploie dans la chapellerie.

Ces peaux nous viennent en verd telles qu'elles sortent de dessus les animaux.

Peaux de castors et rats musqués, propres pour la chapellerie.

Les peaux de castor sont de différentes couleurs : il y en a de noires et de blanches, le poil en est très-serré ; il y en a d'imprégnées d'une sorte de graisse ; le rat musqué est beaucoup moins grand que le castor, mais il lui ressemble.

Peaux de veaux, vaches et veaux marins.

Ces peaux sont lisses et peu chargées de poils ; elles sont employées par les gaîniers.

Pelleteries, savoir :

Peaux de blaireaux, de loutres, loups de bois et cerviers, de cygnes, de chèvres angora et de carcajoux.

Le dos du blaireau est mêlé de noir et de blanc, le ventre noir. La loutre a deux sortes de poils, les uns plus longs et plus fermes ; les autres plus fins forment un duvet soyeux. Quant au loup de bois, sa peau est à-peu-près de la grandeur d'un chien de berger ; il est d'un fauve grisonnant, mêlé de brun.

Le loup cervier. Sa peau est de la grandeur de celle du renard ; il a le poil long, tacheté et varié de couleur.

Le cygne a un duvet très-doux et très-blanc ; le jeune cygne est gris.

Les chèvres d'angora : la peau en est de la grandeur de celle des chèvres, le poil est blanc et argenté.

La peau du carcajou a moins de deux pieds de long, son poil est plus ou moins noir.

Les blaireaux , les loutres, loups-cerviers et les cygnes se trouvent en France et en Europe.

La chèvre d'angora , se trouve en Natolie, et le carcajou espèce de blaireau se trouve près la baie d'Hudson en Amérique.

Peaux de chats cerviers, chats tigres, de lions, lionnes , de martres de toutes espèces , d'oies de renard de toutes espèces et de pékands.

Les peaux des chats serviers et des chats tigres prennent leur dénomination de leur ressemblance avec ces animaux, celles de lions et lionnes sont fauves claires, celles de martre ont différentes nuances de jaune, depuis le clair jusqu'au jaune presque noir. Celles d'oies ont un duvet très-fin de la nature de la plume. Les renards sont de différentes nuances de jaune et quelques-uns sont mélangés de gris.

Le pékan est une espèce de marthe ; le chat cervier habite la Sibérie et le Canada ; le chat tigre au Cap-de-Bonne-Espérance ; les lions et lionnes en France et en Europe ; le renard en Europe, en Amérique, en Tartarie , sur la mer glaciale et dans tous les pays connus ; ils ne diffèrent que dans l'espèce; le pékan dans l'Amérique Septentrionale.

Peaux de chats de feu , de chats sauvages ; chikakois ; de fouines; de genettes ; de gredbes; de marmottes; de putois; de visous.

Toutes les peaux comprises en cet article sont à-peu-pres de la même nature et des mêmes couleurs que les précédentes , elles sont seulement plus petites ; la fouine et le visou se vendent même sous le nom de marthe : à légard du gredbe , c'est la peau d'un oiseau dont le duvet est si fin qu'il paraît, à l'œuil , tenir plus de la nature du poil , que de celle de la plume ; il est blanc et a l'éclat de l'argent.

Le chat de feu naît en Espagne , les chats sauvages en France et en Europe , le chikakois en Amérique et au Canada , la grenette en Espagne dans la Turquie d'Europe, la fouine en France , le grebde sur le lac de Genève , les marmotes et le putois en France , et le visous au nord de l'Amérique.

Peaux d'ours et d'oursin de toutes couleurs.

Ces peaux sont beaucoup plus grandes que les précédentes , elles ont le poil très-long , il y en a de noires, de grises tirant sur le roux et de divers couleurs.

Il y a des ours de terre et de mer , ces derniers sont blancs, ils habitent sur les glaces et dans les environs du cercle pôlaire ; les ours terrestres habitent les Alpes et les Pyrénées ; l'ours noir habite le continent de l'Amérique et le Canada.

Peaux de léopards, panthères, tigres et zèbres.

Ce sont des peaux grandes et moyennes. Cet article comprend tous les animaux à poil serré et court, dont le fond est fauve et les mouches noires, à-peu-près enfin toutes les espèces qu'on confond dans la dénomination de tigre ; il comprend encore le tigre véritable, qui n'a point de mouches, mais dont la peau est rayée de bandes alternativement noirâtres et d'un fauve rouge. Enfin le zébre, dont la peau est rayée alternativement de noir et de blanc.

Le léopard est originaire d'Afrique ; la panthère, d'Asie et d'Afrique ; le tigre, d'Asie et d'Afrique, près la zône torride ; et le zèbre également d'Afrique méridionale.

Peaux d'hermines blanches et lasquettes.

Elles sont très-petites, surtout celles de lasquettes ; elles sont blanches. La lasquette est une hermine de petite espèce.

L'hermine est un joli animal de l'espèce de la belette ; on le trouve en Russie, en Sibérie : le lasquette est la jeune hermine.

Peaux d'hermine de terre mouchetées, et bervisky, écureuil d'Amérique, palmiste des Indes.

Ces peaux sont très-petites, les unes mouchetées, les autres rayées.

L'hermine de terre mouchetée est la belette de Sibérie ; le bervisky est une espèce de souris qui se trouve en Sibérie ; l'écureuil d'Amérique habite les régions froides de l'Amerique ; le palmiste des Indes est un écureuil qui prend son nom de l'arbre qu'il habite.

Peaux d'agneaux , connues sous le nom d'astracam , de Russie , de Perse et de Crimée.

Ce sont des peaux très - petites ; d'agneaux morts-nés , dont le poil assez court est noir , lisse et très-luisant.

Peaux de lièvre blanc. Ce lièvre blanc se trouve en Laponie ; le poil est naturellemement blanc et constitue une fourrure fort recherchée.

Peaux de petit-gris. Le petit-gris est un écureuil ; ces peaux sont à longs poils et sont de la grandeur de celle d'un gros rat. Il habite le nord de l'ancien et du nouveau continent.

Peaux dites gorges de renards , de martres , et de fouines.

Queues de martres de toutes espèces.

Queues de petits-gris, d'écureuils, d'hermines, de putois.

Queues de petits gris, d'écureuils, d'hermines, de putois.

Queues de renard , de fouines, de carcajou , de pekans , de loups.

Ce sont les parties de ces animaux que l'on détache et qu'on coud ensemble ; on leur donne dans le commerce, en raison de leur forme , les noms de sacs et nappes de martres de Russie , de Canada , des Indes , d'Étiopie, d'agneaux d'Astracan, d'hermines , de lasquettes, de petits-gris , etc.

Il est observé qu'en général les peaux destinées à la pelleterie venant de très-loin sont toutes apprêtées ; il ne reste à leur donner que le travail du fourreur.

Sous tous les rapports on doit les ranger dans la classe des objets de luxe et de fantaisie.

Pennes ou paines et corons de laine , de fil et de coton.

Ce sont les bouts qui restent sur le métier après que les étoffes ont été fabriquées ; ils sont courts, et quoique filés , ils sont traités comme matière première à raison de ce qu'ils ne peuvent être employés qu'après avoir été recardés, et doivent être rangés dans la même classe que la matière brute.

Perce-pierre ou passe-pierre.

C'est une plante qui croît dans les fentes des rochers.

Elle a une vertu diurétique et apéritive.

C'est une production indigène.

Pelure de cacao. (*V*. cacao).

PERELLE apprêtée ou non apprêtée.

Mousse très-peu épaisse qui croît sur les pierres et les rochers ; elle s'emploie à la teinture ; on en fait une préparation avec l'urine et la chaux, qu'on appelle orseille de terre et qu'on emploie pour teindre en pourpre.

Cette herbe, qui croît aussi en France, nous vient en abondance des îles Canaries, du Cap-Verd et des Açores.

Nécessité secondaire.

PÉRIDOT. C'est le nom qu'on donne à une pierre précieuse, d'un vert jaunâtre, qui vient de Chypre ; il en vient aussi d'Orient.

Objet de luxe et de fantaisie.

PÉRIGORD. (pierre de) C'est un minéral qui contient une partie de fer ; il se trouve près de Périgueux, en France.

Les potiers en font usage pour colorer les poteries.

PERLASSE. (*V*. potasse.) C'est une espèce inférieure en qualité.

PERLES fines. Concrétion animale qui constitue une espèce de pierre dure, pesante, d'un éclat argenté : elle est très-difficile à pulvériser ; cependant on a remarqué que la perle, après un laps de temps, vieillit, jaunit et se réduit en poussière.

La première se trouve dans les coquilles de bivaves, espèces d'huitres qui se rencontrent aux Indes-Orientales et dans les mers les plus chaudes de l'Amérique.

On fait tous les ans, dans l'île de Ceylan et le long de la côte Manaar, la pêche des perles.

Les Indiens en font un très-grand commerce.

La perle a une grande valeur comme objet de luxe : on en fait des coliers, des boucles d'oreilles et des parures pour les femmes.

PERSIL de Macédoine.

C'est une plante qui ressemble au persil qui croît dans les jardins ; elle vient en Turquie et en Barbarie.

Sa semence est employée en médecine comme carminative, diurétique, et emmenagogue.

Objet secondaire.

PIASTRES. C'est le nom que porte une monnaie étrangère.

PICHOLINES. C'est une espèce d'olive. (*Voy.* olive.)

PIEDS d'élan. Ils sont noirâtres et les ongles sont fendus comme ceux des bœufs. (*Voy.* peaux d'élans.)

PIERRE à bâtir. C'est la matière première pour les constructions civiles ; elle n'a pas besoin de description.

Sa qualité et son espèce varient suivant la nature du sol.

PIERRE d'Arménie. C'est une pierre calcaire
qui se trouve dans les mines du Tyrol et de la
Bohême:

Elle est graveleuse, opaque, d'un bleu verdâtre ou obscur; elle est beaucoup moins dure
que le lapis-lazuli, et n'est point mêlée de veines d'or; elle nous est apportée broyée, et est
mise dans le commerce sous le nom de cendre
bleue et cendre verte : Elle est employée dans la
peinture comme secondaire.

Pierre de chouin brute ou même taillée,
sans être polie. C'est une pierre qui vient de la
Savoie; elle est grise ou rouge.

Elle est dure et susceptible de poli, au moyen
de quoi elle remplace quelquefois le marbre.

Pierre à plâtre et à chaux. Matière première
qui n'a pas besoin de description, et dont l'utilité et la nécessité sont reconnues.

Ces pierres ont besoin d'être cuites pour être
utilisées; lorsqu'elles viennent dans ce dernier
état, elles ne doivent être considérées que
comme secondaires, parce que l'industrie française a été privée de la main-d'œuvre de la
cuisson.

15 *

Pierre à feu, à fusil et arquebuse. C'est le silex, dans quelque état qu'il soit.

La France en fournit abondamment.

Pierre à aiguiser, de toutes sortes. Dans cet article sont comprises toutes les pierres qui servent à aiguiser.

Les principales pierres se vendent sous les noms de pierre de faix ou d'arle, à faucheur, pierre du levant, pierre de liége, pierre de grès, pierre à huile, pierre émouloire, pierre de rochou, pierre naxiende : on les appelle aussi généralement *cos*.

Indépendamment des pierres dont il est question ici, on a décrit d'autres espèces de pierres à aiguiser, sous le nom de meules.

(*V.* ce mot.)

Pierre savoneuse, production indigène. Pierre de la nature de la craie de Briançon ; elle a une consistance de cire et est marbrée de rouge et de blanc ; étant mâchée, elle a le goût et les propriétés du savon.

Elle sert à dégraisser les étoffes.

Pierre de touche. Elle est d'un grain fin et continu, noire ou verdâtre, et susceptible de poli.

Elle vient de Bohême, de Saxe et de Silésie.

La pierre de touche sert à éprouver les métaux, et surtout l'or et l'argent.

Pierre-ponce. Matière volcanique, blanche ou grise, poreuse et légère ; elle nage sur l'eau et est extérieurement luisante.

On la trouve aux environs des volcans, et elle nous est importée de l'Italie.

Cette pierre est utile pour polir les bois, les métaux, l'ivoire, etc.

Nécessité secondaire.

Pierre de mengayer. Elle est peu connue ; ce n'est que la manganèse.

(*V*. ce mot.)

Pierre noire. C'est une pierre noire qui se trouve en Italie.

On en compose ce qu'on appelle le crayon noir, objet de première nécessité pour les peintres.

Pierres précieuses. On donne ce nom à différentes pierres qui sont décrites sous leurs noms, tels que le diamant, le rubis, l'éméraude, etc.

Pierre hematite. Cette pierre qui se trouve en Espagne, dans les mines de fer, sert à polir l'acier, l'or, les bijoux, les glaces et le diamant.

Pierre ollaire. C'est une pierre qui se trouve dans les Alpes, en Saxe, en Hongrie, en Corse et dans le Tyrol.

Elle est d'un gris tirant sur le vert et le noir.

Elle est employée pour faire des marmites.

On la connaît peu en France.

Pignons d'Inde. Arbuste qui croît aux Grandes-Indes : c'est la graine du ricin indien ; elle est convexe d'un côté, un peu applatie de l'autre, marquée de quatre angles ; l'écorce en est grise et tachetée de brun ; l'amandé, solide et blanchâtre, a un goût âcre et brûlant.

Ses vertus sont purgatives, diurétiques et vermifuges. Elle n'est que de nécessité secondaire en médecine.

Piment ou poivre gérofle. Fruit qui croît dans les îles : il y en a de trois espèces. Ce sont des pains de la grosseur d'un pois.

Elles ne sont utiles que comme épices dans les préparations de nos alimens.

Piment ou corail des jardins. C'est une espèce d'épice que l'on cultive en Espagne, en Catalogne et dans le Haut-Languedoc.

Il remplace le poivre dans la préparation des alimens.

Pinne marine. Coquillage qui produit une espèce de soie, dont on a essayé, sans succès, de faire des étoffes.

Objet de curiosité.

PIN et SAPIN. Ce sont des arbres résineux et toujours verts qui croissent dans les montagnes.

Ils sont assez abondans en France.

Ces arbres, de la nature de ceux dits bois blancs, servent à faire des planches.

On fait avec le pin les mâts des vaisseaux.

Première nécessité.

PIRESTRE (dite racine salivaire.) C'est une plante qui nous vient de Tunis et de Tripoli.

C'est sa racine qu'on emploie en médecine ; elle est longue, d'un gris roussâtre, sans odeur, mais d'une saveur piquante.

On s'en sert pour exciter la salivation.

Objet secondaire.

PISSAPHATE.

(V. huile de pétrole.

PISTACHES. C'est le fruit du pistachier, arbre originaire d'Afrique.

Il est de la grosseur d'une olive ; sa peau recouvre une espèce de noyau qui contient une amande d'une saveur agréable.

On en fait usage en cuisine, et les confiseurs en composent des dragées.

Objet de fantaisie.

PIVOINE. Plante indigène qui porte des fleurs rosassées, d'un rouge pourpre.

Elle sert à l'ornement des jardins, mais elle a aussi des vertus médicinales.

Sa fleur a l'âcreté du raifort ; elle est d'une odeur forte et assoupissante.

Sa racine est bonne contre les convulsions ; on en fait des coliers aux enfans.

Utilité secondaire.

PLATINE. C'est un métal qui a été découvert dans la Nouvelle-Grenade.

C'est le plus dense et le plus compacte de de tous les métaux ; il n'est pas sujet à la rouille.

On est parvenu en France à le travailler comme l'argent et le cuivre.

Matière de première classe.

PLOMB. Le plomb est un métal très-doux et facile à fondre ou à manier.

Toutes les parties du monde ont des mines de plomb. C'est une matière de première nécessité, vu l'usage fréquent qu'on en fait pour toutes sortes de fabrications.

Il nous en vient de l'étranger, mais on ne doit admettre que celui qui vient en saumons, c'est-à-dire, brut et sans main-d'œuvre, afin de favoriser l'exploitation des mines de ce métal en France.

PLUMES d'autruche, d'aigrette, de spadon, de héron, d'oiseau couronné, de xomolt, et

autres qui entrent dans le commerce des plu-
massiers.

Ce sont les plumes de la queue et des aîles
de l'autruche qui parent la tête des dames. L'aigrette, le héron et le xomolt, fournissent des
plumes pour décorer les turbans et les chapeaux
d'ordre de la chevalerie.

Les belles plumes d'autruche viennent en
masse, c'est-à-dire en paquets de cinquante;
elles cessent d'être brutes dès qu'elles ont reçu
un apprêt, soit d'arrangement ou de couleur.

Objet de luxe.

Plumes de qualités inférieures, comme petites, noires, bailloques brutes.

Les plumes désignées dans cet article sont des
plumes d'autruche autres que celles ci-dessus
décrites; elles viennent ordinairement en paquets de cent. On doit ranger dans cette classe
les plumes d'autruche appelées noires, grandes,
petit-gris et femelle obscure.

Objet de luxe.

Plumes à écrire. Les plumes qu'on emploie
communément à écrire sont celles de l'oie, du
cygne, du corbeau.

On les apporte aussi apprêtées, c'est-à-dire,
dégraissées et dépouillées de la pellicule qui y
est attachée lorsqu'on les tire des aîles des
oiseaux.

Utilité secondaire.

Plumes à lit. C'est la plume la plus fine d'un grand nombre d'oiseaux, dont les tuyaux sont assez petits pour n'être pas sentis à travers le barbu dont ils sont revêtus.

Objet de luxe.

Poil en masse et non filé, de lapin, lièvre, castor, chameau, bouc, chèvre et chevreau.

C'est une matière première utile à nos fabriques.

Poil de sanglier. Il nous vient de Moscovie et de Lithuanie.

Il sert à faire les brosses et vergettes.

Matière première, utile à notre industrie.

Poiré. C'est une liqueur qu'on extrait des poires.

Cette boisson se fait en France, et il n'en vient que peu de l'étranger.

Pois. C'est un légume qui constitue un bon aliment pour le peuple.

Il doit être rangé dans la même classe que le blé.

Poissons. On distingue le poisson en poisson d'eau douce et poisson de mer.

L'un et l'autre sont des comestibles utiles à toutes les classes de la société, et considérés comme de première nécessité; cependant, pour encourager la pêche française, on doit ranger le produit de la pêche étrangère dans la seconde classe.

POIVRE. On connaît dant le commerce quatre espèces de poivre.

1°. Le poivre noir, fruit d'un arbuste qui croît aux Indes-Orientales, au Bengale, à Yva et à Malabar.

Ce fruit a la forme d'un pois ; il est recouvert d'une écorce noirâtre, son odeur est forte et sternutatoire, son goût est stimulant.

Le principal usage du poivre est pour assaisonner dans les cuisines.

On s'en sert en médecine comme d'un stimulant et stomachique.

2°. Le poivre blanc ; c'est le poivre noir lavé dans l'eau, et mondé de sa pellicule ; il sert au même emploi.

3°. Le poivre long ; c'est également le fruit d'un arbuste qui croit aux Indes. Il est de la grosseur d'une plume à écrire, et a un pouce et demi de longueur ; son goût est âcre et amer.

Il sert également dans la cuisine.

4°. Le poivre dit *piment*. (*Voy.* ce mot.)

La consommation du poivre n'est que de goût et de fantaisie.

POIX grasse, poix noire, poix-résine ou résine de sapin.

Cet article embrasse toutes les préparations de la résine qui découle des pins et autres arbres de cette nature. La poix grasse est la substance résineuse qui découle du pin et du sapin ; elle est de couleur jaune.

La poix noire est la même substance dans laquelle on mêle du noir de fumée.

La résine ou poix-résine est, ou la gomme du thérébente, du mèleze ou de l'intisque, ou du galipot cuit à un certain point.

Ces poix et résines nous viennent abondamment de la Norwège et de la Suède.

La poix est matière première de première nécessité pour le calfatage des vaisseaux.

POLIUM (ou polion blanc). C'est une plante à petite tige ; ses fleurs sont blanches et réunies en touffes.

L'odeur de la plante est forte et aromatique ; sa saveur est désagréable et amère.

Ses vertus sont toniques et diurétique, ; on emploie les fleurs en infusion comme le thé.

Cette plante croît dans le midi de l'Europe ; mais on estime mieux celui qui vient de Candie.

Le polium est de seconde classe.

POLOZUM (ou fonte verte). C'est un métal factice composé de cuivre rouge allié avec de l'étain.

On le fabrique en France.

POLYGALA de Virginie, dit seneka. C'est une plante herbacée qui croît dans l'Amérique-Septentrionale.

C'est la racine qu'on emploie en médecine ; elle a une odeur assez agréable, une saveur aromatique : ses vertus sont sudorifiques, diurétiques et expectorantes.

On la regarde en Amérique comme un spécifique contre la morsure du serpent à sonnette ; elle n'est en France que d'utilité secondaire.

Pomme de terre. C'est une plante herbacée qui produit en terre une espèce de pomme ou rouge ou alongée, qui, à l'aide d'une très-simple préparation, constitue un très-bon aliment.

L'usage de ce comestible n'est connu que depuis trente ans ; mais il est devenu général et constitue une ressource essentielle pour la nourriture du peuple.

On sert la pomme de terre sur les meilleures tables.

Objet de première nécessité.

Pompholix (ou calamine blanche). C'est une matière blanche et friable qui se trouve attachée aux convercles des creusets dans lesquels on a fait fondre du cuivre rouge et de la pierre calaminaire pour faire le cuivre jaune.

La médecine lui attribue une vertu antispasmodique.

Utilité secondaire.

Porphyre. Le porphyre est une sorte de

marbre très-dur. On en fabrique des vases et des ouvrages de goût.

Objet de luxe et de curiosité.

POTASSE. C'est une substance saline qui sert à la teinture, de la consistance de la chaux, d'une couleur pâle.

On la fabrique en lessivant les cendres de divers végétaux.

La potasse est d'une grande utilité pour les fabriques de savons, pour les verreries, pour les teintures, etc.

On a établi en France des fabriques de potasse ; mais on préfère celle qui vient d'Amérique : elle a beaucoup plus de force et de vertu.

C'est une matière de première utilité ; mais celle venant de l'étranger doit être rangée dans la seconde classe.

POTIN gris. (*V.* arco.)

POULIOT de Virginie. On l'appelle communément *serpentine de Virginie.*

C'est une racine fibreuse, menue, légère, brune, grisâtre en dehors, jaunâtre en dedans, d'une odeur agréable et aromatique.

Ses vertus sont stimulantes et résolutives.

Cette plante, qui croît abondamment partout, sur le bord de l'eau, rend celle dite de Virginie peu utile.

POURPRE naturel et factice.

Le naturel est une teinture tirée du coquillage qui se pêche dans les mers de l'Amérique
espagnole, et d'un autre petit coquillage nommé borgax, qui se pêche aux Antilles.

L'artificiel est aussi une teinture composée de
cochenille et de graine d'écarlatte : ces deux préparations en liqueurs sont d'un rouge très-fon-
cé tirant sur le violet.

On connaît peu dans le commerce la première espèce de pourpre.

La seconde se fabrique en France.

POZZOLANE. Espèce de sable un peu gros,
d'un rouge brun et d'une forme graineleuse ; il
a pris son nom de la ville de Pouzol en Italie,
dans les environs de laquelle on le trouve.
C'est une substance volcanique, mélangée de
terre, de sable et de fer.

La pozzolane est utile pour construire dans
l'eau.

C'est une matière première d'une utilité secondaire.

PRÉCIPITÉ blanc, jaune et rouge.

(V. mercure précipité.)

PRESLE (feuilles de), plante d'une espèce
fort singulière, composée de tuyaux creux em-
boîtés le uns dans les autres ; ses tiges sont
terminées par une tête en manière de chaton,

renflée vers le milieu : on l'emploie dans les arts pour polir les bois et les métaux.

Matière première indigène.

PRÉSURE. Celle dont il s'agit ici est composée de sel, d'eau et de vessies de veaux, que les suisses apportent dans les provinces de France qui les avoisinent.

Utilité secondaire.

PRUNES de montbain. C'est le fruit de l'acajou. (*V*. ce nom.)

PRUSSIATE de potasse. C'est le bleu de Prusse. (*V*. ce mot.)

Q

QUERCITRON. Ecorce concassée ou moulue, d'un chêne qui croît dans la Pinsilvanie ; elle est employée pour la teinture jaune.

C'est une matière première essentiellement nécessaire à nos fabriques.

QUINA-quinquina. Le quinquina est un arbre qui croît au Pérou, à la Jamaïque et aux Antilles.

C'est l'écorce qu'on connaît dans le commerce ; elle est de première nécessité en médecine comme fébrifuge.

On en connaît de différentes espèces

1°. Le quinquina officinal : son écorce est entièrement d'un gris foncé ; l'intérieur est d'un jaune rougeâtre , il croît au Pérou.

2°. Le quinquina noir qui croît aux Antilles ; l'écorce est noire à l'intérieur et grise en dedans

3°. Le quinquina orangé , qui croît à Santa-Fé , dans la Nouvelle Espagne.

4°. Le quinquina jaune.

Toutes ces espèces de quinquina ont une même propriété , c'est un des remèdes les plus précieux en médecine , leurs vertus sont stomachiques , fortifiantes , anti - spasmodique et surtout fébrifuges.

RABETTE (graine de.)

C'est une graine grasse , propre à faire de l'huile. (*V.* graines grasses.)

RACINES,

D'alizari (*V.* garance.)
D'angélique. (*V.* angélieue.)
De bardanne. (*V.* bardanne.)
De alaguala. *V.* calaguala.)
De capier. (*V.* eapier.)

De chicorée. (*V*. chicorée.)

De dictame. (*V*. dictame.)

D'elleborre. (*V*. elleborre.

D'esule. (*V*. esule.)

De gentiane. (*V*. gentiane.)

De guimauve. *V*. guimauve.)

De squine. (*V*. squine.)

De thymelee. (*V*. thymelée.)

De tormantille. (*V*. tormantille.)

RACLURES de peaux. Ces raclures sont employées à faire la colle dite de flandre. (*V*. oreillons.)

RACK. (*V*. rum.)

RAISINS de Damas et de Corinthe ; ce sont des raisins secs, qui nous sont apportés de Damas en Syrie et des îles de l'Archipel.

On en fait usage en médecine, mais leur principale consommation est comme comestible sucré.

Objet de fantaisie et de goût.

RAPONTIC. Fausse rhubarbe originaire de Tartarie.

Sa racine est branchue et rameuse, de couleur brune.

Ses vertus sont stomachiques.

Elle n'est que secondaire en médecine.

RAPURES d'ivoire et d'os.

Ces rapures et os brûlés procurent une couleur noire usitée en peinture : matière première d'utilité secondaire.

RÉALGAR ou réalgal. C'est un mélange d'oxide, d'arsenic sublimé avec un cinquième de souffre.

Il est employé en teinture et en peinture ; comme objet que l'on peut fabriquer en France, celui qui vient de l'étranger doit être rangé dans la troisième classe.

REDOUL, dit redou ou rondon.

C'est un arbrisseau qui croît dans le midi de la France.

Ses feuilles sont employées dans la tannerie.

Son fruit est un poison.

RÉGLISSE. Le réglisse est une plante qui croît dans le midi de la France et en Espagne.

On ne fait usage que de sa racine, qui a une odeur sucrée dont les propriétées en médecine sont d'être adoucissantes et expectorantes ; on en compose des tisanes.

RÉGULE d'arsenic. C'est un métal composé avec l'oxide blanc d'arsenic et le savon noir, il est gris d'acier et a un aspect brillant.

On l'emploie dans la composition des miroirs de télescopes ; on en reçoit de l'étranger.

RÉGULE de cobalt. C'est une substance métallique, composée avec l'oxide de cobalt, il a

16*

la couleur blanche, sa cassure est serrée et à petits grains, il est dur et cassant.

Il est utile aux arts.

On n'en reçoit pas de l'étranger.

RÉGULE d'étain. C'est un mélange d'étain allié de régule d'antimoine, d'étain de glace et de cuivre rouge, qu'on appelle plus communément étain d'antimoine : ce mélange s'appelle dans le commerce métal ; il a l'éclat de l'argent.

Il est employé en médecine.

Objet secondaire.

RÉGULE martial. On donne ce nom à l'alliage du fer avec le régule d'antimoine dont il n'est qu'une préparation dans laquelle entre le fer appelé mars par les chimistes.

Cette substance peut servir à faire des gobelets qui ont la propriété de rendre purgatives les liqueurs qu'on y laisse quelques temps.

RÉGULE de Vénus. C'est une préparation du cuivre appelé Vénus par les chimistes.

Régule d'antimoine. On donne ce nom à la partie métallique, pure de l'antimoine.

Ce métal est dans le commerce en pains ronds, il présente à sa surface une sorte de cristalisation, d'un blanc brillant comme l'étain.

On l'emploie à fabriquer les caractères d'imprimerie et dans la préparation du jaune de Naples et des émaux et verres jaunes.

On en reçoit beaucoup de la Franconie : ce métal est de première utilité dans les arts.

RÉSINES. Les résines sont des espèces de gommes qui découlent du pin, du sapin et d'autres arbres.

Elles sont sèches, cassantes et imflammables.

Elles sont utiles à la composition des vernis et des parfums.

Il y en a de beaucoup d'espèces.

Celles dites de cèdre, de copal, de cyprès, ne sont autres que les gommes de ces noms. (*V.* gommes.)

La résine du jalap est l'extrait résineux de la racine du du jalap ; elle est utile en médecine comme purgative et vermifuge.

La résine de térébenthine dite mastic, vient de Smyrne et sert à faire dés vernis.

Pour les résines de sandaraque, de sang-dragon, de scamomée (*V.* ces mots.)

Résine de sapin. (*V.* poix grasse.)

Résine de tacamahaca. (*V.* la la gomme de ce nom.)

RHUBARBE. Racine qui croît en Chine, au Levant et en Barbarie ; on la voit dans le commerce en morceaux assez gros, inégaux, de la longueur de quatre pouces ou environ et de la grosseur de deux ou trois ; elle est pesante , jaunâtre en dehors , marbrée intérieurement , d'un goût légèrement âcre , astringent et d'une odeur de drogue : on l'appelle rhubarbe blanche méchoacam.

C'est une drogue de première nécessité en médecine.

On cultive cette plante en France , mais celle qui y croît est d'une qualité très-inférieure.

RHUE. Plante indigène, espèce d'arbuste rameux qui répand une odeur forte et désagréable, ses propriétés sont sudorifiques détersives et emmenagogues.

On en fait usage en médecine pour cataplasme dans les ulcères gangrèneux.

RHUM. C'est l'esprit extrait par distillation des sirops et écumes de cannes à sucre.

On en fait usage comme boisson de goût et de fantaisie.

On n'admet en France que celui qui est fabribriqué dans nos Colonies.

RICCIN. (amendes ou noix de)

Ces noix ou amendes, fruits d'une plante qui croît aux Iles, contiennent une fève purgative telle que l'anacarde déjà décrite. On doit comprendre dans cet article, 1°. le Riccin ordinaire; 2°. la fève purgative des Indes, autrement pignon de Barbarie, ou fève de médicinier ou noix de bar-

bades ; 3°. l'aveline purgative du nouveau monde
autrement noix du médicinier d'Espagne , ou
Bongrand ; 4°. enfin la noix du Riccin indien,
appelé aussi pignon dinde, grain de tilli ou des
moluques. La graine du premier et du second
est une amende ovale applatie d'un côté et convexe de l'autre ; le fruit du troisième est une aveline presque triangulaire, ayant le goût de l'aveline commune ; enfin la quatrième espèce est décrite à pignon dinde.

Il est à observer que l'on importe peu de riccin en graines, elles seraient trop sèches pour en
extraire l'huile qui, seule, est employée dans la
médecine.

Ainsi le Riccin est communément apporté réduit en huile , et son usage étant fréquent en
médecine, en raison de ses vertus vermifuges ,
on doit le considérer comme nécessité secondaire.

Le riccin croît aussi en France, mais en très-
petite quantité.

Riz. Cette plante est originaire de l'orient,
on en extrait un grain ressemblant à l'orge perlé.

Ce grain sert à la nourriture des peuples de
l'Asie.

Il est d'un grand usage en France comme comestible et est devenu , sous ce rapport, de première nécessité.

On emploie la paille de cette plante pour la fabrication des chapeaux de femmes.

Rocou. Le rocouyer croît dans le Brésil et à Cayenne : ce qu'on appelle rocou est une pâte résultante de l'infusion ou macération de la graine du roucouyer ou roucou ; or. l'avait dans le commerce, en pains de différentes formes enveloppés de fécules de balisier. Il est couleur de feu, plus vif en dedans qu'en dehors, doux au toucher, d'une bonne consistance.

C'est une matière de première nécessité pour la teinture, mais qui a reçu une main d'œuvre qu'il serait intéressant d'amener en France ; où déjà l'on a fait des essais qui ont eu du succès.

Romarin. Arbuste qui croît dans les pays méridionaux. Ses fleurs et ses feuillages ont une odeur douce et agréable. Cette plante est tonique céphalique, résolutive, et antispasmodique.

On en fait un grand usage en médecine.

Ronas. C'est la garance de Perse.

Racine grosse comme le doigt, qu'on emploie à la teinture en rouge : on la vend en morceaux de la longueur de la main, en paquets mis en sacs.

Drogue de première nécessité pour la teinture et considérée comme la garance.

Rossette. Espèce de style de grain dont on se

sert dans la peinture, et pour faire de l'encré rouge : il est en petits cônes.

Drogue pour la peinture.

Voyez lacque.

ROTINS ou roseaux des Indes pour faire meubles.

Ce sont ces roseaux que l'on coupe en deux pour faire des meubles de cannes, et dont on fait aussi des petites cannes.

Objet de fantaisie.

RUBIS. Pierre fine.

On en distingue quatre espèces, le rubis oriental, le rubis spinel, le rubis balais et le rubicelle.

Le rubis oriental est le plus beau, il est d'un rouge ponceau.

Le rubis spinel est d'un rouge cerise, il est moins dur que le premier.

Le rubis balais est d'un rose pâle ou lilas, et le rubicelle est d'un rouge jaunâtre.

Les rubis nous viennent des Indes, des montagnes de l'île de Ceylan.

Objet de luxe et de curiosité.

RUCHES à miel.

Ce sont des paniers d'osier ou de paille, de forme conique ; il n'est question ici que de ceux dans lesquels sont les essaims d'abeilles. (*V.* abeilles.)

S

Sable pour verreries ; ces sables viennent d'Allemagne ou d'Italie , c'est une objet de première nécessité.

Safran. Cette plante sort d'une bulle ronde, elle croît en Espagne , en Italie et en France , on en reçoit d'Alicante et de Barcelone.

Sa fleur recelle une substance colorante et aromatique.

Elle est fort employée par la médecine en raison de ses vertus antispasmodiques , résolutives, stomachiques et emménagogues.

On en extrait une belle couleur jaune qui est brillante , mais n'a pas de solidité.

Safran batard , ou safranum.

Fleurons de fleurs longs de plus d'un pouce, d'un rouge doré , découpés en lanières , en cinq parties.

Cette plante croît en Espagne, en Egypte , en Barbarie , elle croîtrait également en France.

Cette fleur contient deux parties colorante, l'une jaune l'autre rouge, mais la couleur jaune n'est d'aucun usage.

C'est un objet de première utilité pour nos teintures de soieries.

SAFRE ou zaphre.

C'est la chaux du cobalt ; il est d'une couleur grise, un peu rougeâtre, on s'en sert dans la verrerie pour colorer le verre en bleu.

Objet secondaire.

SAGOU. C'est un grain de farine factice formé d'une pâte préparée avec la farine de la moëlle du palmier sagouhier, arbre qui croît aux îles Moluques.

Ce grain est mucilagineux et nutritif, on le prépare en potage comme le riz, il est très-nourrissant, il nous vient des Etats-Unis et de la Hollande.

Utilité secondaire.

SAINDOUX. C'est la graisse du porc.

SALEP. C'est le nom qu'on donne à la racine d'une plante qui croît aux Indes Orientales.

Ce sont des espèces d'oignons qu'on fait sécher et qu'on pulvérise.

Cette poudre sert à faire une gelée très-nutritive et légère qui convient aux malades affaiblis.

Elle est de nécessité secondaire en médecine.

SALINS. On donne ce nom aux sels qu'on retire des cendres lessivées, en faisant évaporer l'eau jusqu'à sicacité, ils sont noirs et jaunâtres.

On en fait usage comme fondant dans les vernis. Objet secondaire.

SALPÊTRE, espèce de sel extrait de cendres préparées. (*V.* nitre.)

SALSEPAREILLE. Plante qui croît au Brésil et en Virginie, on en distingue de deux qualités ; ce sont des racines longues de 4 à 5 pieds et repliées, elle sont blanches intérieurement.

Sa vertu est dépurative et la médecine qui en fait un grand usage la considère comme objet de première nécessité.

SANDARAC. Gomme qui coule des branches du grand génévrier en Afrique, elle se vend en larmes blanches et jaunâtres.

Ses vertus sont stimulantes et diurétiques, on en fait peu d'usage en médecine, mais on l'emploie en peinture pour faire du vernis, et réduit en poudre, elle sert à frotter le papier qui a été graté pour y écrire de nouveau.

Sous ces différens rapports, cette gomme est de nécessité secondaire.

SANG de dragon de toutes sorte.

C'est la résine de différens arbres et nomément du dragonnier qui croît aux îles. Il y en a deux espèces; celle qui est de la longueur et de la grosseur du doigt s'appelle roseau, l'autre est en larmes claires, transparentes et très-friables, la poudre de tous les deux est très-rouge.

On en connaît dans le commerce trois espèces en masse, en rouleaux et en gâteaux.

Celui en masse de 10 à 12 kilogrammes est re-
sineux et sec , d'un beau rouge et sans goût ; en
le brûlant il répand une odeur balzamique.

Celui en roseau est en petites formes ressem-
blantes à des œufs plus ou moins gros enveloppés
dans des feuilles de roseaux.

Celui en gâteaux est en pains , mais il n'est pas
estimé, on le considère comme mélangé et con-
trefait.

On fabrique le sang dragon en France , mais
ce n'est qu'une composition factrice sans vertu
ni qualité.

Le sang dragon est considéré en médecine
comme très-astreingent ; on l'emploie aussi à la
préparation des vernis.

Nécessité secondaire.

SANGUINE pour crayons.

C'est la pierre rouge fossile qui sert à faire des
crayons pour dessiner.

Elle nous vient d'Italie , de Hollande et d'Espagne.

Nécessité secondaire.

SAPHIRS. On donne ce nom à des petites pierres qui se trouvent dans l'île de Ceylan, à Pegu
et en Perse.

Ce sont des pierres précieuses fort estimées.
Le *saphir* dit oriental est d'un beau bleu céleste
d'une couleur veloutée.

Il perd de son prix, suivant qu'il est plus ou moins laiteux.

Objet de luxe et de curiosité.

Sarcocolle, gomme qui vient de Perse et d'Arabie. (*V.* gommes.)

Sardine, c'est un petit poisson du genre des harengs. Il est très-abondant sur les côtes dans la saison où il vient frayer.

C'est un commestible d'une grande ressource pour le peuple qui le mange frais , salé , et fumé.

La pêche de la sardine est d'un grand produit pour la marine , aussi le gouvernement l'a toujours encouragé et c'est un motif de n'admettre la sardine, venant de l'étranger, que comme objet de nécessité secondaire.

Sardonix , ou sardoine.

C'est une pierre précieuse qui nous vient des Indes et de l'Arabie.

Celle dite orientale est la plus belle , elle est pomelée et bien nuancée.

Celle dite occidentale vient de Bohème , elle est moins dure, parsemée de taches bleues et en-environnée de cercles laiteux. (Objet de curiosité.)

Sarrette ou sariette. C'est une plante qui croît dans le midi de la France ; on la cultive dans les jardins.

On distingue la sarrette de la sarriette, la première est employée pour la teinture en jaune.

La deuxième celle qu'on cultive dans les jardins est d'une odeur aromatique, on l'emploie
en cuisine, elle est bonne comme stomachique,
mais n'est que secondaire.

Sassafras ou saxafras. Espèce de laurier qui
croît en Amérique.

C'est le bois ou l'écorce qu'on emploie en
médecine ; il a l'odeur de la canelle ; l'écorce
est grosse rougeâtre, rabotteuse, et a le goût
acre.

La noix qu'il produit entre dans la composition des épices de cuisine. (Nécessité secondaire.)

Sauge. Plante indigène et exotique.

Elle a une odeur pénétrante et agréable, ses
vertus sont toniques cordiales et résolutives : nécessité secondaire.

Saumon, poisson qui se pêche à l'embouchure
des rivières : comestible de nécessité secondaire.

Sasifrage. Cette plante croît dans les taillis
des montagnes, sa tige s'élève à un pied un pied
et demi.

Les fibres de sa racine sont garnis de petites
tubercules qu'on nomme grains.

Ce sont ces grains qu'on connaît dans le commerce sous le nom de semences, ils ont une sa-

veur un peu amère , leur vertu est apéritive et diurétique. (Utilité secondaire.)

SCABIEUSE , plante indigène.

On connaît deux espèces de scabieuses , celle des champs et celle des bois ou mors du diable.

La première est une plante qui croît dans les champs ; elle porte une fleur bleue sans odeur , cette plante est sudorifique et dépurative.

La deuxième espèce croît dans les bois , elle a également une vertu sudorifique et on l'emploie en médecine , mais ses feuilles ont la propriété de donner aux étoffes de laine une belle couleur verte.

Nécessité secondaire.

SCAMONÉE (résine de.)

Elle est extraite par incision de la racine d'un liseron qui croît en Syrie.

Il y en a trois espèces ; la bonne est légère, grise, tendre, friable et résineuse, en l'écrasant elle forme une poudre grise : le goût en est amer, l'odeur fade et désagréable, celle là vient d'Alep , il en vient aussi de Smyrne et des Indes ; ces dernières sont ordinairement mêlées de corps étrangers.

Elles sont apportées en forme de gâteau, de pains ou en morceaux.

C'est un purgatif très-actif et fort usité dans dans les maladies chroniques ; on doit en user avec beaucoup de prudence.

On connaît une autre espèce de scammomée
dite de Montpellier.

On extrait de sa racine, un suc auquel on attribue les mêmes vertus médicinales, mais à
un moindre degré ; cette dernière est peu connue : la scammomée doit être rangée dans la
première classe.

SCAVISSON. C'est une espèce de canelle qui
vient du Portugal.

(*V*. canelle de scavisson.)

SCHNAUTE ou squenaute. (*V*. jonc odorant).

SCILLES ou squilles marines.

Ce sont de gros oignons qui croissent dans l'île
de Majorque ; il y en a de deux espèces, les
mâles et les femelles.

Les mâles sont blanchâtres et les femelles
rouges ; c'est cette dernière espèce que l'on
voit ordinairement dans le commerce : ils sont
extrêmement amers et ont un suc fort visqueux ;
leurs vertus sont très diurètiques et la médecine
considère la scille, comme objet de première
nécessité.

SEBESTES. Fruit d'une espèce de prunier qui
croît en Egypte et au Malabar.

Il est d'un vert foncé et approchant du noir ;
il ressemble aux prunes de Damas, le noyau
est de forme triangulaire, sa chair est visqueuse,

17

molasse, d'un goût assez doux et d'une couleur rougeâtre : on en fait de la glu et on l'emploie utilement en médecine.

Nécessité secondaire.

SEL AMONIAC. C'est un sel neutre formé de la combinaison de l'acide marin.

Il se fabrique en France, et est d'un usage journalier en médecine.

SEL d'epsum et de duobus.

Ces deux sels sont purgatifs ; le sel d'epsum est très-amer et s'appelle aussi sel cathartigue amer et sel de sedliz.

Il est d'un blanc tirant sur le gris : celui de duobus est d'une saveur un peu salée qui a quelque chose de désagréable, mais qui n'a rien d'âcre et de piquant ; il pétille vivement lorsqu'il est jeté sur un feu ardent : on l'appelle aussi tartre vitriolé.

Ces sels nous viennent de l'étranger, de la Catalogne, d'Allemagne, et d'Italie : on en fabrique peu en France, mais on doit espérer que la fabrication prendra de l'activité, en raison de l'utilité de ces sels en médecine.

SEL gemme ou sel fossile naturel.

C'est le sel qu'on trouve dans l'intérieur de la terre, il y en a de différentes couleurs ; il est ordinairement d'une transparence un peu louche, mais qui approche de celle du cristal et qui ressemble à la couleur des perles ; c'est ce qui lui a fait donner le nom de gemme ; il y a néanmoins du sel gemme de différentes couleurs.

Le sel marin est propre aux mêmes usages, et comme il se fabrique en France en grande abondance, le sel gemme doit être considéré comme inutile et rangé dans la troisième classe.

Sel de lait. C'est un sel obtenu par l'ébulition du petit lait.

Cette fabrication se fait en Suisse : on donne à ce sel dans le commerce, le nom de sucre de lait.

On ne lui connaît aucune propriété réelle, il est au contraire nuisible au commerce en ce que des épiciers l'emploient pour mélanger avec des cassonnades et trompent ainsi l'acheteur.

Par ces motifs, il ne peut être considéré que comme objet de fantaisie.

Sel marin, dit sel de cuisine.

C'est un sel neutre composé d'alkali et d'acide marin.

On le trouve en masses dans l'intérieur de la terre ; les eaux de la mer en sont chargées, ainsi que celles de certains lacs et de certaines fontaines.

La fabrication du sel marin est très-abondante

17*

en France, et cette opération est très-facile ; elle
consiste à faire évaporer la partie aqueuse et
procurer une cristallisation , soit par l'action du
feu dans des chaudières , soit par l'action du soleil dans des réservoirs disposés à cet effet, en
plein air sur les côtes de la Méditérrannée.

La fabrication des sels en France fournit, non-
seulement, à nos besoins , mais encore à l'ap-
provisionnement des pays étrangers.

Son utilité et son emploi sont connus.

Sa consommation est la base d'un des impôts
qui rend le plus au gouvernement ; et par ce motif on ne doit admettre aucun autre sel marin venant de l'étranger.

SEL d'oseille.

Ce sel est l'extrait du jus d'une espèce d'oseille
qui croit abondamment en Suisse.

Il est blanc et d'une saveur piquante et acide,
on lui attribue une vertu rafraîchissante et diurétique. Il sert a enlever les taches d'encre.

C'est une drogue de nécessité secondaire.

SEL de Saturne et de tartre.

C'est une combinaison de l'acide du vinaigre
et du plomb : il est en petits cristaux , en forme
d'aiguilles, il est doux et un peu sucré. Celui du
tartre est extrait de la lie du vin, et est aussi en
petits cristaux en forme d'aiguille. Il a une saveur
salée.

On les considère en médecine , comme dessicatifs , résolutifs et purgatifs.

Ils nous viennent de l'étranger, sans doute ; parce que leur fabrication en France , serait plus coûteuse.

Nécessité secondaire.

SEL végétal de seignette et autres.

Il y a beaucoup de sels végétaux, mais tous se ressemblent lorsqu'ils sont bien faits. Ils sont d'un blanc mat, sans odeur ; lorsqu'ils sont secs ils ont une saveur âcre et brûlante , au point de cautériser la langue si on les met dessus sans les avoir fort étendu dans l'eau ; on appelle cependant proprement sel végétal un sel qui ressemble à celui de Saignette, (nom d'un pharmacien de la Rochelle, à qui l'on doit la préparation perfectionnée d'un sel végétal,) et qui n'en diffère que parce que les cristaux en sont beaucoup plus petits.

Ces sels ont une saveur salée , médiocrement forte et désagréable ; ils deviennent farineux à l'air sec.

Leurs vertus sont désosbstruantes.

SEL volatil de corne de cerf de vipère et de caralée.

Ces sels sont des cristaux brillans , obtenus par sublimation, ils sont renfermés ordinairement dans des flacons bouchés avec soin ; ils affectent l'odorat d'une manière excessivement vive.

On en fait usage en médecine.

Ces sels nous viennent de Suisse et de Hollande.

SEMEN contra. (*V.* barbotine.)

SÉNÉ en feuilles, follicules.

La médécine emploie les feuilles et les fruits du séné. Il y en a trois espéces, ceux d'Alexandrie et de Tripoli sont ceux qu'on voit dans le commerce. Les feuilles du premier sont étroites d'une moyenne grandeur, en forme de fer de piques, d'une couleur verd pâle, d'une odeur pénétrante, douce à manier : celui de Tripoli est très-verd, a peu d'odeur, est âpre et rude à manier. Les follicules sont des gousses plattes, le plus souvent recourbées, composées de deux mambranes oblongues, lisses, applaties, d'un brun verd au milieu desquelles sont mêlées, sur une même ligne, plusieurs graines semblables à celles du raisin : ses vertus sont purgatives.

Le séné est de première nécessité en médecine.

SENEKA ou poligala de Virgine.

Racine ligneuse qui croît en Amérique, elle est odorante, longue de quatre doigts de la grosseur d'une plume à écrire, tortueuse, rameuse et fibreuse, jaunâtre en dehors, blanche en dedans, d'un goût âcre un peu amer et légèrement aromatique.

Ses vertus sont émétiques, diurétiques, sudorifiques et désobstruantes.

Nécessité secondaire.

SENEVÉ. C'est une plante crucifère annuelle; c'est avec sa graine qu'on fait la moutarde.

On en extrait par expression une huile fine dont on fait usage dans la paralysie.

La graine sert aussi en pharmacie, et fait la base des emplâtres dites sinapismes.

On reçoit la graine de senevé, de la Hollande, de la Sardaigne et de l'Italie.

SERPENTAIRE. Racine qui croît en Virginie; elle est employée par la médecine; elle est fibreuse, menue, légère, brune grisâtre en dehors, jaunâtre en dedans, d'une odeur agréable et aromatique.

On l'appelle aussi vipeine et sénégruel.

Ses vertus sont détersives, anti-putrides et vulnéraires.

Nécessité secondaire.

SERPENTIN, pierre curieuse.

C'est une espèce de porphyre précieuse par sa rareté; elle est de couleur verte veinée de blanc.

Objet de curiosité.

SERPENTINE. C'est une pierre précieuse qu'on trouve en Saxe, en Suède, en Italie et même en France.

C'est une pierre assez tendre, et qui se taille facilement : on en fait des coupes, des vases et autres ornemens.

Objet de curiosité.

SIMILOR (*V*. tombac.)

SMALT. C'est l'oxide de cobalt (*V*. safre.)

SOIE. C'est le brin ou fil fin qui compose la coque du ver à soie.

Cet insecte n'a long-temps été connu qu'aux Indes ; aujourd'hui on élève des vers à soie dans tous les pays méridionaux, et c'est cette matière première, avec lesquelles on fabrique les plus belles étoffes.

Il est reconnu que la récolte de la soie en France, ne peut être suffisante pour notre consommation, et l'on doit ainsi accueillir comme matière première, la soie brute ou écrue, qui vient de l'étranger, parce que l'exportation des soies travaillées ou apprêtées est un grand objet de spéculation dans nos relations avec les puissances étrangères.

On donne aux soies, différentes qualifications;

Savoir : soies en cocons, soies greses, d'oupions, ouvrées.

La soie en cocons est celle qui n'a pas encore

reçue la préparation du dévidage ; c'est la matière première dans son état de nature.

Soie grese. C'est la soie telle qu'elle a été devidée de dessus les cocons, sans aucun apprêt.

Elle vient de l'étranger, en pelottes et en masses.

On en reçoit de la Chine, de la Perse, d'Espagne, d'Italie et du Levant.

Soies grèses doubles ou d'oupions.

On donne ce nom aux soies de la plus basse qualité.

Soies ouvrées en trames, poils et organcin.

Ce sont celles servant à la trame des étoffes et aux poils des velours. A l'égard des organcins, se sont des soies torses, d'abord séparément et ensuite ensemble.

Ces espèces de soies venant de l'étranger ne doivent être considérées que comme secondaires en raison de la main-d'œuvre dont a été privée notre industrie.

Soies fleurets dites filosèle ou bourre de soie.

Le fleuret est la bourre de soie qui environne le cocon ; c'est une espèce de bourre qui ne peut se filer qu'après avoir été cardée : on ne doit l'admettre que brute.

Soies de gorrès ou sangliers.

(*V*. poils.)

Soldanelle. C'est une plante rampante qui croît dans les sables sur les bords de la mer ; elle produit des fleurs en cloches, de couleur rouge.

Elle est d'une saveur amère, purgative et hydragogue.

On la met dans le commerce avec sa racine.

Utilité secondaire.

Son. C'est la pellicule des bleds et seigles et autres graines.

Il sert d'aliment aux bestiaux.

Sorbier. C'est un arbuste qui croît dans les forêts ; il devient plus ou moins élevé, suivant le sol et le climat.

Ses fleurs forment une grappe, et les fruits qui leur succèdent sont rouges et très-recherchés des oiseaux.

Le bois de sorbier sert à fabriquer des manches d'outils.

Les fruits sont employés en médecine, comme astringens.

Utilité secondaire.

Souchet ou cyperus de toutes sortes.

Racine qui sert à teindre en jaune ; elle est jaunâtre en dehors et en dedans, dure et comme pétrifiée : on l'appelle terra mérita ou coucoume.

Cette plante croît dans les marais ; elle est

utile en médecine comme stomachique et vulnéraire , mais elle n'est que secondaire.

SOUDES de toutes sortes.

C'est le résultat de la combinaison de diverses
plantes.

C'est un sel extrait de la plante dont il porte
le nom , ainsi que de la barille et de la sour-
dine.

La soude forme des espèces de pierres très-
poreuses : la meilleure vient d'Espagne.

On fait aujourd'hui en France une soude artificielle par la décomposition du sel marin , et
cette substance renfermant plus de qualité que
les soudes naturelles , doit amener à se passer
des soudes étrangères.

La soude est utile aux arts et surtout aux verreries et aux fabriques de savon.

Elle a les mêmes propriétés que la potasse.

SOUFRE brut ou vif. Substance minérale,
d'un jaune citron. Les mines de soufre sont
abondantes en Sicile et en Italie : on appelle
soufre brut ou vif , celui tel qu'il sort de la
mine ; c'est une espèce de glaise grise , qui
s'enflamme aisément.

Le soufre s'emploie comme médicamment à
l'intérieur et à l'extérieur.

Objet de première utilité.

Soufre en canon. C'est celui qu'on voit en bâtons de différentes grandeurs : c'est le soufre brut, purifié, fondu et coulé dans des moules. Celui venant de l'étranger, ne doit être rangé que dans la seconde classe.

SPALT. Pierre blanche, écailleuse et luisante que l'on emploie pour faciliter la fonte des métaux.

Elle nous vient d'Allemagne.

Elle est de première nécessité pour les arts.

SPICA-NARDI ou nard indien.

Plante qui croît en Perse, dont la racine est de la grosseur du doigt, d'un brun roussâtre, d'une saveur douce et aromatique.

Sa vertu est stomachique et emménagogue.

Troisième nécessité.

SPICA-CELTICA ou nard celtique.

Espèce d'épi de la longueur et la grossseur du doigt, qui croît dans le Tyrol ; il est garni de petits poils bruns et rudes, amer au goût et d'une odeur forte et désagréable.

Cette plante indigène et exotique, a une vertu stomachique et diurétique : troisième nécessité.

SPODE. Cendre d'ivoire brûlé et calciné ; elle se vend en écailles, blanches dessus et dedans, faciles à casser.

On donne aussi ce nom à une espèce de chaux

ou cendre de métaux , qui par son emploi à quelques rapport avec la tutie.

SQUINE ou esquine.

Racine qui croît en Chine ; elle est noueuse, genouillée, pesante, ligneuse, d'un brun rougeâtre en dehors, et intérieurement d'un blanc rougeâtre ; un peu résineuse lorsqu'elle est nouvelle ; son goût est âcre et pâteux ; lorsqu'elle est sèche elle a le goût terreux , elle n'a point d'odeur, elle est dépurative et anti-siphilitique.

Deuxième nécessité.

STIL-DE GRAINS. On comprend sous cette dénomination , différentes préparations servant à la peinture à l'huile ; il y a des stils-de grains de Naples , de Troies, d'Angleterre : ils sont jaunes , clairs ou bruns : ils se vendent en petits cônes.

Utilité secondaire.

STAPHISAIGRE. Petite plante qui croît en Dalmatie et dans le midi de la France.

Ses vertus sont émétiques et inflammatoires : on ne l'emploie qu'en onguent comme détersive , pour consumer les chairs baveuses des ulcères.

Troisième classe.

STÉATITE , pierre de lard : substance minérale , tendre et opaque ; on en fait usage pour les pommes des cannes ; elles se polit facilement.

Comme pierre fine ou curieuse.

STÉCAS ou sticade. C'est une espèce de lavande qui croît dans le midi de la France ; ses vertus sont stimulantes et résolutives.

Utilité secondaire.

SERGUS DIABOLI. (*V. assa fœtida.*)

STIL DE GRAIN. C'est une pâte faite avec une terre colorée en jaune, utile aux peintres.

Cette préparation pouvant se faire en France, le stil de grain venant de l'étranger ne doit être considéré que comme secondaire.

STOCKVISCH. On donne ce nom à une espèce de morue ou merluche.

C'est une bonne nourriture, très-commune aux gens de mer.

L'intérêt seul de notre navigation peut faire mettre dans la seconde classe ce poisson, provenant de la pêche étrangère.

STORAX rouge et en pains.

Gomme en masse, d'une couleur rougeâtre, molasse, grasse, et d'une odeur agréable ; celui qu'on vend en boule, en pains ou marons, est mélangé.

L'opinion des naturalistes est, que c'est une gomme résineuse, qui découle de l'aliboutier de Syrie : ses vertus sont balsamiques.

Storax calamite. C'est une substance gomo-
résineuse, qui vient en pains ronds, remplis
de larmes blanches; il est d'une consistance
moyenne, s'amollit sous le doigt.

On s'en sert pour les plaies et dans les fumi-
gations comme balsamiques.

Les parfumeurs en font aussi usage.

Le storax calamite, nous vient de Smirne et
d'Alep.

Storax liquide, espèce de résine factice,
de couleur grise, composée de galipot, d'huile
et de vin battu avec de l'eau en consistance
d'onguent : on l'appelle aussi stocté.

Il est vulnéraire et résolutif.

Comme médicament composé, on doit refuser d'admettre celui qui vient de l'étranger.

Struc. Espèce de mortier fait de marbre blanc
pulvérisé et mêlé avec de la chaux.

Sublimé doux et corrosif.

C'est le muriate de mercure corrosif.

Le sublimé corrosif est en masses blanches et
brillantes, peu pesant et peu compact; c'est un
des plus violens poisons.

Le sublimé doux est le corrosif réduit à force
de le passer sur le feu, en masses blanches
pleines de petites aiguilles dures et brillantes.

Comme préparation chimique uniquement

utile à la médecine : on doit être très-circonspect pour en tolérer le conmerce libre.

Succin. (. *V.* ambre jaune)

Sucre de canne. C'est le sucre, non pas tel qu'il sort de la canne *dite canne à sucre*, qui croît aux colonies, espèce de jonc ou roseau, qui s'élève à dix ou douze pieds et renferme une moëlle fibreuse et spongieuse qui contient un suc doux et abondant, qu'on obtient en pressant cette moëlle entre deux cylindres.

Ce premier sucre s'appelle *vesou*; celui qu'on importe a reçu une première épuration, qui consiste à faire bouillir le vesou avec une forte lessive de chaux et de cendres.

L'utilité du sucre est démontrée et reconnue par son usage journalier, on peut cependant observer qu'avant la découverte du nouveau monde, on remplaçait cette matière par des miels et par des sucs tirés des végétaux, mais la supériorité de la qualité du sucre *canne*, le fait considérer comme objet de première nécessité.

Les sucres sont de plusieurs espèces.

1°. Celui dit *brut* ou *moscouade*; c'est celui qui n'a qu'une préparation de *lessivage*.

2°. celui dit *terré*, est le sucre qui a reçu une seconde préparation de rafinage.

3°. Le sucre rafiné ; c'est celui qui a reçu la dernière main d'œuvre.

Le sucre brut, est de première nécessité, mais la deuxième espèce n'est que secondaire, et les sucres de la troisième espèce, ne doivent être admis que venant de nos rafineries.

Sucre de lait. (*V*. sel de lait.)

Suifs. non ouvrés. C'est le nom qu'on donne à la graisse fondue des bœufs, vaches, veaux et moutons.

On en fait des chandelles et on s'en sert pour d'autres usages.

Nous en recevons beaucoup de Russie.

Objet de première utilité.

Sulfate. Le sulfate est un sel formé par la combinaison de l'acide sulfurique avec base ter-reuse, alkaline ou métallique.

On connaît les sulfates d'alumine, de chaux, de cuivre, de fer, de potasse, de magnésie et de zing.

Tous ces sulfates utiles aux arts et à la méde-decine, sont composés par nos chimistes avec beaucoup de succès.

Sulfure. C'est le nom donné à une prépara-tion chimique dont la base est le soufre (*V*. soufre.)

Sumac. Plante qui croît dans le midi de la France et en Italie.

Les feuilles sont oblongues, velues, aîlées, dentelées à leur bord et rougeâtres.

La médecine fait usage de la graine, qui est rougeâtre, a la forme d'une petite lentille et est d'un goût âcre et astringent.

Le fruit servait autrefois dans les cuisines : les corroyeurs emploient les feuilles et les branches pour la teinture et la tannerie des cuirs.

Objet secondaire.

SUREAU. (fleur de) C'est la fleur d'un arbuste qui croît en France et en Europe.

La médecine en fait un grand usage comme sudorifique ; l'écorce de l'arbre est un puissant diurétique.

T

TABAC en feuilles. Le tabac est une plante originaire d'Amérique, elle a été introduite en France par M. Nicot ambassadeur de France en Portugal.

C'est une plante annuelle qui est cultivée avec succès dans quelques parties de la France, particulièrement en Alsace et dans les départemens du Nord.

Sa tige s'élève à deux pieds, elle est velue et glutineuse; elle a une odeur forte et un goût amer.

Ses vertus sont résolutives, purgatives, vulnéraires et narcotiques. C'est en raison de ses propriétés que la médecine en a introduit l'usage dans le traitement de quelques maladies.

On mâche les feuilles sèches et on les fume pour procurer une salivation.

On les réduit en poudre pour les prendre par le nez comme sternutatoire et comme capables de dégorger le cerveau.

Sa consommation sous ces différens rapports est devenue générale, et le droit qu'on a établi sur ce genre de fabrication est devenu un objet d'impôts d'un produit de plus de 40 millions depuis plus d'un siècle.

On peut dire que plus de moitié de la consommation du tabac en poudre n'a d'autre cause que la fantaisie et par suite le luxe, et ce sont ces deux motifs qui ont déterminé le gouvernement à en hausser le prix du droit et à en assurer le produit en s'appropriant le privilége exclusif de fabrication.

Nonobstant le privilége en vertu duquel on empêche toute fabrication des tabacs dans l'intérieur du royaume, cette plante n'est pas moins un objet de commerce et de culture très-étendu.

Il est reconnu que les tabacs qui sont cultivés en Europe n'ont pas autant de saveur et de parfums que ceux qui viennent des îles.

Nos vaisseaux vont le chercher à la Louisiane

et dans toute l'Amérique. L'Allemagne et la Belgique nous en fournissent aussi ; mais, comme on l'a observé, la consommation étant plus de fantaisie et de luxe que de nécessité, la plante ne tient qu'un rang secondaire parmi celles qu'il nous importe de faire venir de l'étranger.

TABLES DE LIÉGE. C'est l'écorce du liége. (*V*. Liége.)

TAFIAT. On appelle ainsi aux îles l'eau-de-vie que l'on tire par distillation des écumes et des sirops de sucre de canne.

Sous le rapport de la médecine, le tafiat est utile pour la guérison des plaies ; mais l'intérêt de l'agriculture exige qu'on n'admette que très-difficilement le tafiat, d'autant que la pharmacie fabrique avec l'eau-de-vie des liqueurs médicinales qui ont plus de vertus que le tafiat.

TALC. Pierre luisante et arrangée par feuilles qui se lèvent aisément et sont transparentes ; elle se fond à un feu violent et se vitrifie.

On trouve les mines de talc en Moscovie, en Perse, à la Chine, etc.

Cette matière n'est d'aucune utilité pour les arts, et n'est qu'un objet de curiosité.

TAMARIN. C'est un arbre qui croît aux Indes ; son fruit est semblable, par sa grandeur et par sa grosseur, aux fèves ; relevé par trois ou quatre protubérances, il a deux écorces ; l'extérieur est roux, cassant, et l'intérieur est vert. Son goût est acide et vineux, on l'apporte en masses ou espèce de pâte molle, de couleur noirâtre et rousseâtre, où les gousses, la pulpe et les graines sont mêlées.

Ses vertus sont relâchantes et purgatives. On en reçoit aussi de l'Egypte.

Nécessité secondaire.

TAN. C'est l'écorce du chêne vert réduite en poudre.

Les tanneurs en font usage pour tanner le cuir.

Elle sert aussi à la teinture.

La France fournit cette matière en assez grande abondance pour notre consommation, cependant on en reçoit d'Allemagne.

TANAISIE (herbe aux vers). Plante médicinale, indigène et exotique.

On ne connaît dans le commerce que les semences et les fleurs.

La plante a une odeur forte et peu agréable. Les fleurs sont jaunes et réunies au sommet des tiges. Les fleurs et semences ont une saveur moins forte et aromatique.

Ses vertus sont stomachiques, sudorifiques, emménagogues et vermifuges.

On en compose une matière bonne contre l'hydropisie. Cette plante est de première nécessité.

TAPIOCA. On connaît sous ce nom, dans le commerce, une fécule blanche qui vient d'Espagne ; son emploi est le même que celui du sagou ; elle est nourrissante, et on en fait des potages.

Utilité secondaire.

TAPSIC ou Tapsie. Cette plante croît aux bords de la mer, dans le Midi de la France. Elle est amère et âcre.

On attribue à sa racine la vertu de purger la pituite ; cependant la médecine ne l'emploie qu'extérieurement en onguent pour les maladies cutanées. Objet secondaire.

TARTRE DE VIN. Sel qui s'élève des vins fumeux et qui forme, au haut des tonneaux, une croûte blanche ou rouge, suivant la couleur du vin. Il est cassant et brillant.

On s'en sert dans la teinturerie et la chapellerie.

Préparé sous le nom de crême de tartre, il est très-purgatif et fort employé en médecine.

La France, possédant de grands vignobles, exporte beaucoup plus de tartre qu'elle n'en importe de l'étranger.

TARTRE VITRIOLÉ. *V.* Sel de duobus ou sulphate de potasse.

TAUREAU. Quadrupède de première nécessité pour l'agriculture et comme comestible.

TERRE DE COLOGNE. Substance terreuse d'un
brun foncé, qu'on trouve aux environs de Cologne; les gens du pays l'emploient comme la
tourbe pour faire du feu.

On l'emploie aussi en peinture, où elle est
d'un usage fréquent comme celle dite de Cassel,
qui a la même qualité et la même couleur; mais
cette dernière, employée à l'huile, sèche plus
difficilement.

Nécessité secondaire.

TERRE GLAISE. *V*. Argile.

TERRE JAUNE. *V*. Ocre.

TERRE DE LEMNOS. C'est une terre qui vient
de l'Archipel.

Elle est pesante, molle, friable, le plus communément rouge, mais assez souvent blanchâtre,
et couleur de citron; c'est une espèce de craie,
elle entre dans la composition de la thériaque.
On l'appelle aussi terre sigillée, et terre citrin lorsqu'elle a la couleur de citron. On en fait
usage en médecine comme absorbant.

Utilité secondaire.

TERRE DE MARNE. La marne est une matière
terreuse composée de terres calcaires et d'argile.

Son emploi principal est pour fertiliser les
terres. On en fait aussi usage pour les apprêts
des draperies.

La marne est très abondante en France, nous

en exportons beaucoup à l'étranger.

TERRE D'OMBRE ou de nocera. Espèce de terre ou pierre fort brune qui sert aux peintres et aux gantiers ; il y en a de couleur minime et de grise.

Elle nous vient de Syrie et de Chypre.

C'est une matière première nécessaire aux peintres.

TERRE A PIPES. Elle est tendre, liante, légère et douce au toucher. Il y en a de grise et de blanchâtre. Il en vient peu de l'étranger, et la France en exporte beaucoup.

On en fait usage pour fabriquer une espèce de faïence et des pipes.

La terre dite de porcelaine est de même nature ; mais, étant plus fine, elle sert à fabriquer la porcelaine.

La France en exporte beaucoup.

TERRE ROUGE ou Rouge d'Inde. C'est l'ocre rouge de Murcie ; elle est sèche et peu dure. V. Ocre.

TERRE DE SIENNE. Substance terreuse qui vient de Sienne, en Italie.

Elle est utile aux peintres, qui la considèrent comme couleur secondaire.

TERRE RUBRIQUE à faire crayons. C'est la pierre qui sert à faire les crayons rouges. Elle est médiocrement dure. V. Sanguine.

TERRE SIGILLÉE. C'est la même que celle de

Lemnos qui porte le nom de sigillée, parce qu'elle est marquée d'une empreinte. Elle vient de l'Archipel.

On en fait usage en médecine comme absorbant.

TERRE VERTE. C'est un ocre de couleur verte qui s'emploie dans la peinture; elle est luisante et grasse au toucher.

Elle nous vient de Venise et de l'Italie.

La peinture en fait beaucoup usage comme couleur secondaire.

THÉ. Arbrisseau qu'on cultive à la Chine et au Japon. C'est sa feuille qu'on recueille et qu'on fait sécher au four.

On connaît dans le commerce plusieurs espèces de thé en raison de leur saveur; mais il n'en existe réellement que deux, le thé *vert* et le thé *bout*.

Le thé *bout* est celui qui a été plus rôti, sa feuille est plus petite.

Le thé a un goût et une odeur agréables; il est considéré en médecine comme un stimulant qui a beaucoup d'effet sur l'estomac.

On l'emploie par infusion, et son usage est devenu habituel dans tout le Nord et principalement dans les pays situés sur les bords de la mer et dans les pays humides et marécageux.

Le thé n'est cependant considéré que comme utilité secondaire en médecine.

THÉRIAQUE. Quoique ce soit une composition médicinale, cependant on la considère comme matière secondaire, en raison de son utilité.

C'est un électuaire composé d'une infinité de drogues.

On fabrique la thériaque en France, mais la plus estimée vient de Venise.

Ses vertus en médecine sont nombreuses; elle est fortifiante, calmante, cordiale; elle est aussi réputée antidote du poison et des piqûres venimeuses.

L'intérêt sanitaire exige qu'on surveille l'introduction en France de la thériaque étrangère.

THYMELÉE ou GAZOU. Arbrisseau qui croît dans le Midi.

C'est la racine qu'on emploie dans la médecine.

Ses vertus sont purgatives, diurétiques et émétiques.

L'écorce de la racine est employée comme vésicatoire.

TOMBAC. Métal formé de mélanges métalliques, dont l'éclat approche de celui de l'or. Les bijoutiers en font un usage habituel.

TORMENTILLE. Plante herbacée qui croît dans les terrains sablonneux et humides.

Sa racine est utile en médecine comme tonique et astreingente, mais elle n'est considérée que comme secondaire.

TOPASE. Pierre précieuse plus dure que le saphir et le rubis.

On en trouve au Pégu, en Arabie, en Egypte, au Brésil, en Bohéme et en Saxe.

La topase d'Orient est la plus recherchée.

Objet de curiosité.

TORTUES VIVANTES. On distingue trois espèces de tortues, celles marines qui habitent la mer, celles d'eau douce et celles terrestres.

Ces dernières sont les seules connues dans le commerce. La médecine en fait un grand usage pour composer les bouillons destinés aux malades affectés de la poitrine. Ces tortues viennent d'Alger et de Tunis.

On les considère comme utilité secondaire.

TOURBE. Terre formée de végétaux propres a brûler. Elle est noirâtre; sa cendre est un bon engrais pour les prairies.

TOURMALINE. Substance pierreuse considérée comme pierre curieuse par sa propriété de devenir électrique, soit par le frottement, et plus encore par l'action du feu.

Cette pierre est demi-transparente et reçoit bien le poli.

Les tourmalines se trouvent à Ceylan, au Brésil, et dans quelques contrées de l'Europe.

Objet de curiosité.

TOURNESOL ou MAURELLE. C'est une plante annuelle qui croît naturellement dans le Midi de la France.

On compose avec toute la plante, à l'exception de la racine, une couleur bleue très-employée par les teinturiers.

Cette couleur est adaptée par la préparation à des chiffons de toiles de chanvre, et on donne à ces chiffons ainsi imprégnés le nom de *maurelle en drapeaux*.

Nous en exportons beaucoup à l'étranger.

La Hollande nous renvoie cette couleur en pâte; c'est ce qu'on appelle tournesol en pain ou en pierre.

Il y a du tousnesol de Constantinople, qui est de crépon ou toile teinte en rouge avec la cochenille.

TOUTENAGUE ou ZINC. Demi-métal, dure, blanc, tirant un peu sur le bleu, et brillant; peu ductile, qui s'étend cependant sous le marteau.

TRIPOLI. *V.* Alana.

TURBITH. Racine des Indes, de médiocre grosseur, grise en dehors, grisâtre en dedans, pesante et résineuse, dont les vertus sont purgatives et hydragogues. Troisième classe.

Tutie ou Tuthie. Incrustation dure et noi-râtre qui s'attache à des barreaux de fer placés dans les cheminées des fourneaux où l'on met en fusion la mine de plomb.

Les oculistes font un grand usage de la tutie pour composer des pomades ou des collyres dis-sécatifs pour les yeux.

La tutie vient d'Egypte et d'Allemagne. On commence à fabriquer la tutie en France.

U

Usnée. C'est une plante qui naît dans les cre-vasses et sur les écorces de vieux chênes. Elle forme de longs filamens entrelassés.

Sa saveur est stiptique et astreingente.

C'est une plante indigène et de troisième classe en médecine.

V

Vaches. Quadrupède d'une utilité journalière sous tous les rapports.

Valérianne. Plante indigène. Il y en a de quatre espèces. La grande est apéritive, diuré-tique, alexipharmaque et sudorifique. Les au-tres espèces sont hystheriques, vermifuges et anti-épilepthique. Objet de première nécessité en médecine.

VANILLE. Fruit du vanillier. Arbre qui croît au Mexique, au Pérou et à Saint-Domingue.

On distingue dans le commerce trois sortes de vanilles. La première dite *pompona*, la seconde *ley* ou *teq*, la troisième *simarona* ou *bâtarde*.

Ce fruit, qui ressemble à une fève ou à une amande de noisette, est apporté dans ses gousses; la forme de ces gousses constitue la différence.

La vanille a une odeur balsamique et une saveur aromatique : ses vertus sont stimulantes, réchauffantes et nervines.

On n'en fait usage que chez les confiseurs pour la préparation des chocolats, des liqueurs et eaux de senteur.

On doit la considérer comme objet de luxe et de goût.

VARECK. C'est une espèce d'écume que la mer jette sur les côtes. On s'en sert pour faire la soude.

VEDASSE. *V.* Potasse.

VERT-DE-GRIS sec et en poudre. C'est proprement la rouille du cuivre.

On le fabrique en France et plus particulièrement à Montpellier, où l'on en fait une branche de commerce très-importante.

Cette fabrication consiste à faire tremper des

petites plaques de cuivre dans du marc de raisin ou dans du vinaigre ; il se forme dessus une couche de rouille d'un bleu verdâtre, et quand la couche est assez épaisse, on la racle avec un couteau.

Cette préparation devient matière première pour la peinture à l'huile.

Le vert-de-gris est d'ailleurs un poison, et la médecine en fait usage quelquefois.

On doit refuser d'admettre le vert-de-gris étranger.

VERMEIL. Espèce de vernis ou composition liquide en usage dans la dorure en détrempe pour donner l'air d'orfévrerie.

Troisième classe.

VERMILLON. C'est le cinabre réduit en poudre impalpable. Sa couleur est d'un rouge vif ; il en vient d'Allemagne, mais le plus beau est celui qui nous vient de la Chine.

Matière première en peinture.

VERNIS de toutes sortes. On donne le nom de vernis à des matières liquides composées en général d'esprit-de-vin et de gommes ou résines.

Ils servent à recouvrir les tableaux et peintures pour leur donner un poli et un brillant.

On assure qu'il croît à la Chine et au Japon un arbre d'où découle un vernis naturel avec lequel on fait les meubles appelés laques.

Les vernis étant des matières fabriquées, ne sont considérés que comme secondaires.

VERRE d'antimoine. Préparation de la chaux d'antimoine, de couleur d'hyacinthe, qui a l'apparence et les propriétés du verre. *V.* Emétique.

Dans l'intérêt sanitaire, on doit proscrire le verre d'antimoine venant de l'étranger.

VERRE de Moscovie. *V.* Talc.

VERT de montagne. Espèce de poudre verdâtre réduite en petits grains comme du sable.

C'est un carbonate de cuivre produit par les eaux qui décomposent ce métal.

Il n'est employé que dans la peinture à l'huile. Nous le recevons de la Suisse et de l'Allemagne.

Son utilité n'est que de troisième classe.

VERT de vessie. Couleur verte foncée. On le vend en morceaux. Il a l'apparence d'une gomme. C'est une préparation faite avec la gomme de nerprum par le mélange de l'alun.

On s'en sert pour le lavis des plans et pour la peinture à la gouache.

Il en vient d'Allemagne, mais on en fabrique en France.

Utilité secondaire.

VIANDES fraîches ou salées. L'intérêt seul de l'agriculture peut engager à soumettre à quelques

formalités ces comestibles de nécessité journalière.

VIF-ARGENT. *V.* Argent vif et mercure.

VIGOGNE. C'est le nom d'une espèce de chèvre
particulière au Pérou ; cet animal n'est connu que
par la beauté de sa laine, très-estimée dans nos
manufactures.

VINTERANS ou Canelle blanche. On donne ce
nom à un arbre qui croît à la Jamaïque et dans
l'Amérique méridionale.

On ne connaît en France que son écorce, qui
a une odeur aromatique tenant de la véritable
canelle. Elle est blanche en dedans et jaunâtre
en dehors. Ses vertus sont stimulantes et stomachiques.

De troisième utilité.

VIPÈRE. La vipère est un reptile de la famille
des serpens ; sa morsure est très-dangereuse.

La médecine en fait un grand usage comme
remède dépuratif et sudorifique.

On les apporte sèches en paquets de douze.

VITRIOL blanc. Le vitriol blanc est la même
chose que la couperose blanche.

VITRIOL de Chypre. Le vitriol de Chypre est
une couperose bleue. Il y a aussi du vitriol vert.
On l'appelle vitriol de Mars, parce qu'il est une
combinaison du fer.

19

VOLAILLES. On comprend sous cette dénomination les oiseaux de basse-cour, tels que
poules, dindons, canards, pigeons : comme comestibles, ils sont de première nécessité.

X

XILOBALSAMUM. *V.* Bois de baume.

Y

YEBLE. Plante indigène. C'est une espèce de
sureau ; on attribue à ses feuilles la vertu de
chasser les punaises.

YVOIRE. On donne ce nom à la dent d'éléphant dite défense.

C'est une matière première fort utile au peintre
en miniatures pour faire les palettes et pour
peindre. On en fabrique des ouvrages de toute
espèce. (*V.* dent d'éléphant.)

Z.

ZEDOIRE ou CITOUARD. Racine venant de la
Chine. Il y en a deux espèces, celle appelée
longue et tubereuse, solide, de la grosseur du
petit doigt ; elle se termine par les deux bouts en
petites mousses, de couleur cendrée en dehors,

blanche ou grisâtre en dedans, d'un goût âcre et aromatique. Elle a l'odeur du gingembre et du camphre. La ronde ne diffère de celle-ci que par sa forme qui est sphérique ; elle est un peu raboteuse, et se termine quelquefois par une petite pointe.

Ses vertus sont stimulantes et sudorifiques.

Seconde classe.

ZINC ou TOUTENAGUE. C'est une substance métallique, les potiers d'étain en font usage pour durcir et blanchir l'étain.

Ce minéral nous vient des Indes orientales ; on en connaît aussi quelques mines en Europe dans la Haute-Saxe.

Matière première de première utilité.

ZIRCON. C'est une pierre gomme qui vient de Ceylan. Objet de curiosité.

FIN.

De l'Imprimerie de RENAUDIERE, Marché-Neuf, n°. 48.

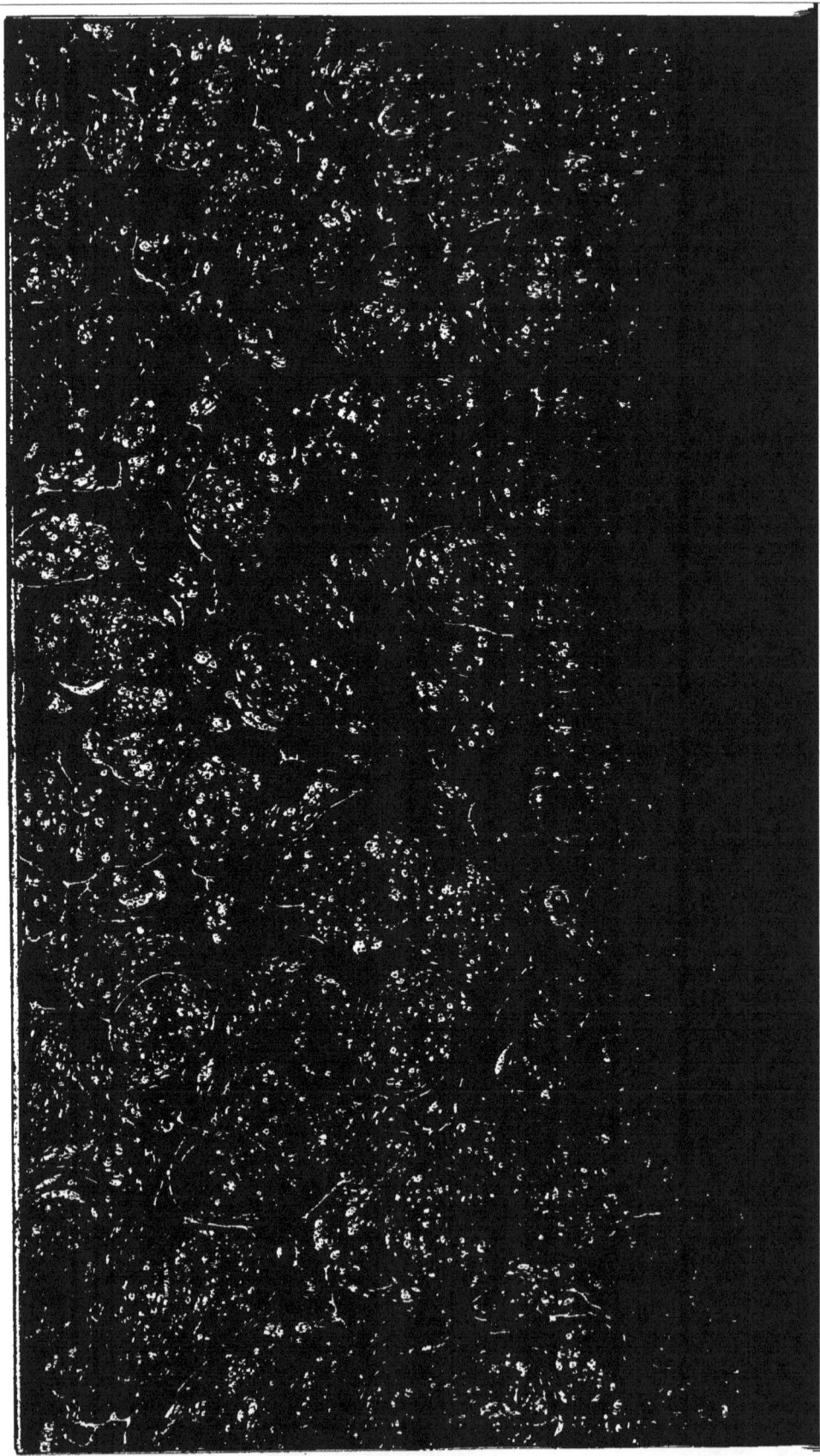

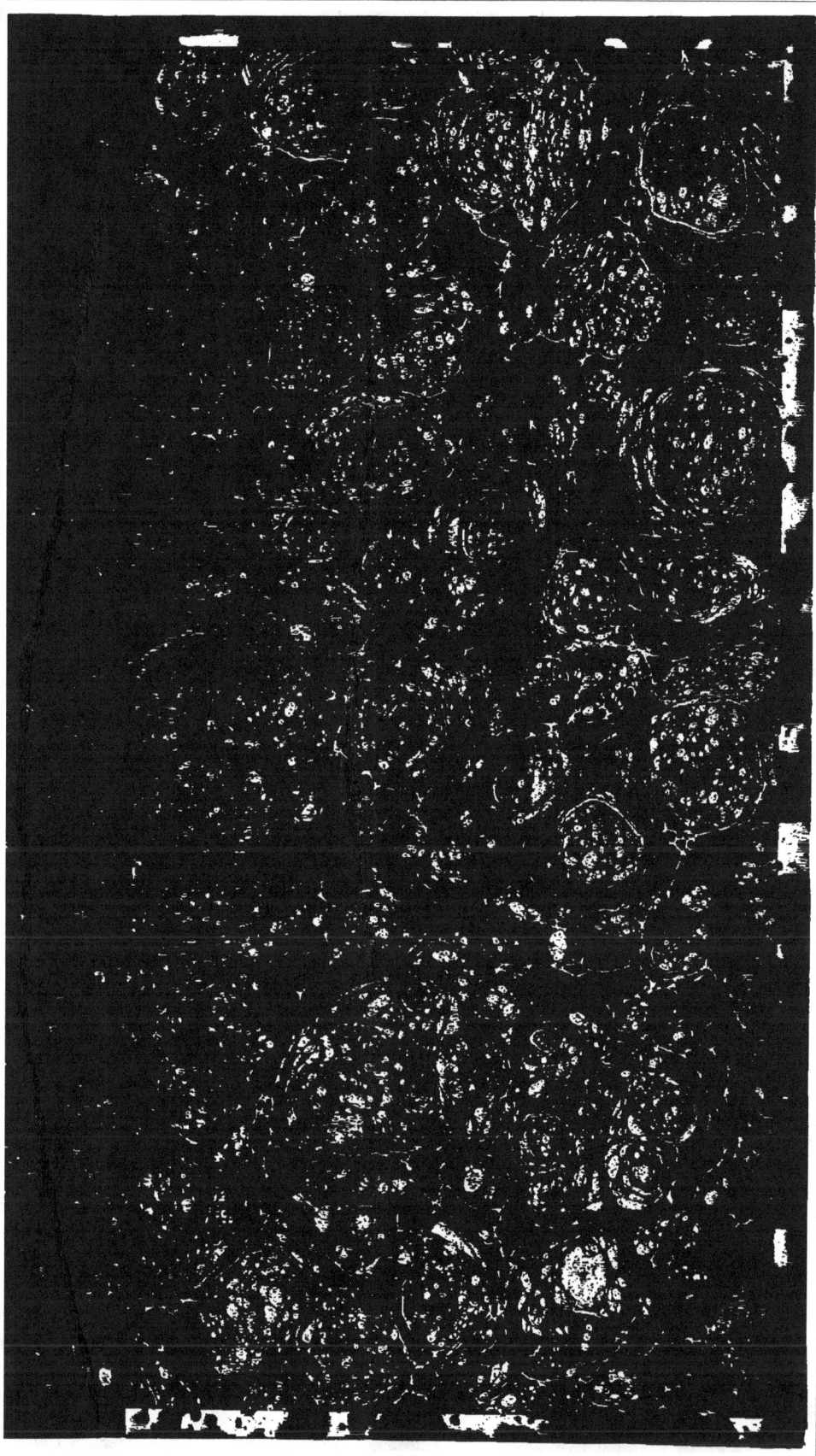

www.ingramcontent.com/pod-product-compliance
Lightning Source LLC
Chambersburg PA
CBHW060418200326
41518CB00009B/1395